가치투자성과의 우수성 규명

- 투자전략이론과 실무적 접근방법 -

가치투자성과의 우수성 규명

- 투자전략이론과 실무적 접근방법 -

김 종 택 著

 한국학술정보[주]

서 문

 한국 주식시장에 참여하여 안정적인 시장초과수익을 달성한다는 것은 가능한 일인가? 아니면 불가능한 일인가?

 이 질문에 답하기 위해 그동안 국내외적으로 수많은 재무연구자들이 다각적인 방법으로 주식시장을 연구하였다. 그 중에서도 주식시장이 비효율적이라는 전제하에 주식가격의 시계열적 행태 또는 횡단면적 특성을 응용할 경우 단기 혹은 장기적으로 안정적인 시장초과수익을 가져다주는 유효한 투자전략이 존재한다는 연구 성과물들이 차츰 제시되고 있다. 이러한 재무연구들을 총칭하여 행태재무학(behavioral finance) 연구라고 부른다.

 이 책 또한 위의 질문에 답하기 위한 것이며, 이 책에서 이루어진 연구결과의 시사점이 책을 읽는 독자들에게 조금이나마 안정적인 시장초과수익을 가져다 줄 수 있는 투자전략을 발견하는 데 도움이 작은 보탬이 되기를 바라는 마음뿐이다. 따라서 이러한 소기의 목적을 달성하기 위해서는 먼저 이 책의 연구 전체과정을 잘 살펴보고, 시장에서 쉽게 얻을 수 있는 과거의 주식관련 데이터나 또는 자신의 모의투자 데이터를 얻어서 일정기간동안 보유해야 할 다양한 투자전략을 수립해보고, 각각의 투자성과를 측정하고 상호비교해보는 작업이 선행되어야 할 것이다. 이러한 작업은 비록 처음에는 적지 않은 시간과 비용과 노력이 들어서 유용하지 않은 것 같지만 결국에는 가장 좋은 투자방법임을 깨닫게 될 것이다.

 책의 제목에서 나타나 있듯이 이 책은 가치투자가 우수하다는 것을 강조하고 있다. 물론 이러한 궁극적인 결론에 도달하기 위해서 필자는 복잡한 이론적인 검토와 실증분석을 수행하였다. 내용을 보면 곧 알게 되겠지만 서두에 밝힌 질문을 갖게 된 동기와 그 이유에서부터 그 질문과 관련된 여러 학자들의 주장과 비판들에 대한 면밀한 비교검토가 선행되었다.

한편, 효율적 시장론자들의 입장에서 보면 이러한 행동은 마치 "신에 대한 도전"쯤으로 여겨지고 부질없는 노력이라고 말하겠지만, 그렇다고해서 그들에게 별 뾰족한 방법이 있는 것도 아니다. 주식거래규모가 놀라운 속도로 증가하고 있는 작금의 시점에 언제까지나 효율적 시장이라는 굴레 안에 갇혀만 있을 것인가?

세계적인 투자은행이나 투자가들도 실제 주식투자 시에는 나름대로의 가치투자원칙에 따라 과감하고도 신속한 투자를 하고 있다. 이는 수많은 데이터를 분석하고 차트를 그려서 분석하는 일과는 별개의 문제이다.

이 책은 여러 가지 가치투자방식들 중에서 불과 몇 가지를 제시한 것에 지나지 않는다. 나머지는 독자들 스스로 자신에게 유효한 투자전략이 무엇이 있을지를 곰곰이 찾아보는 일이다. 이를 위해서 이 책이 좋은 가이드가 될 것으로 생각한다. 그 이유는 맨 서두에 밝힌 질문을 갖게 된 동기와 이유에서부터 가치투자의 우수성을 규명하고 결론을 내리는 데에 이르기까지의 전체 과정이 매우 상세하게 설명되어져 있기 때문이다. 부디 이 책이 투자전략에 관심을 갖는 일반인, 연구자, 그리고 실무자들에게 도움이 되기를 바란다. 이 책이 나오기까지 언제나 따뜻하게 지켜봐준 아내 洪美善과 金大權, 金到炫 두 아들에게 꼭 고마움을 전하고 싶다. 끝으로 이 책의 출간을 쾌히 허락해주신 한국학술정보 관계자분들께 감사를 드린다.

2005년 12월

김 종 택

목 차

표 목차

그림 목차

제1장 서론

제1절 연구배경 및 목적

그동안 국내외 재무문헌에서 초과수익을 가능케 하는 투자전략과 그 원인을 규명하는 연구가 다양하게 시도되어 왔는데, 크게 세 가지 연구흐름으로 압축할 수가 있다.

첫 번째 연구흐름은 역투자전략(contrarian strategy)[1]과 계속투자전략(momentum strategy)의 유효성을 검증하는 연구이다. 이는 기업의 과거 일별·주별·월별 및 장·단기 주식수익률의 시계열적 행태에 기초한 투자전략으로서 표본기업들을 과거 주식투자성과의 크기(매입보유수익률 또는 누적수익률)를 기준으로 오름차순으로 정렬한 후 상위 k%의 표본기업들을 패자포트폴리오(Loser)로, 하위 k%에 해당되는 표본기업들을 승자포트폴리오(Winner)로 각각 분류한 다음, 포트폴리오 구성 후 미래 일정기간 동안 Loser를 매입하고 Winner를 매도하는 차익거래포트폴리오를 구성해서 투자한다고 할 때, 이 차익거래포트폴리오의 수익률이 통계적으로 유의적인 양(+)으로 나타나면 역투자전략이 유효하고, 반대로 유의적인 음(−)으로 나타나면 계속투

---

1) 외국문헌에서는 연구자에 따라서 과거수익률 패턴에 기초하여 패자매입−승자매도의 투자전략을 contrarian strategy로 부르고, 가치비율에 기초한 가치주매입−성장주매도의 투자전략도 contrarian strategy(이때 가치비율은 contrarian variables로 부름)로 호칭하기도 한다. 본 연구에서는 전자를 역투자전략, 후자를 가치투자전략이라고 정의하였다.

자전략이 유효한 전략이 된다.

　이와 관련된 국외연구로서 DeBondt-Thaler(1985)는 패자포트폴리오 수익률이 승자포트폴리오 수익률과 역전되는 장기수익률의 역전현상을 발견했다고 하였고, 그 원인이 투자자의 과잉반응(overreaction) 때문이라고 주장하였다. 또한 Chopra-Lakonishok-Ritter(1992)는 분기순이익발표 이틀 전과 발표당일을 포함한 3일 동안의 비정상수익률(AR)을 비교하였는데, 패자포트폴리오가 양(+)의 비정상수익률을, 승자포트폴리오가 음(-)의 비정상수익률을 보인 것을 발견하고서 초단기수익률 자료에서도 과잉반응 현상이 나타났다고 주장하였다.

　반면, Jegadeesh-Titman(1993)은 과거 3-12개월 동안 주식투자수익률이 매우 높았던 승자주식을 매입하고, 반대로 매우 낮았던 패자주식을 매도하는 계속투자전략(continuation strategy)이 12개월 이하 투자기간 동안에 지속적으로 높은 초과수익을 달성했다는 중기수익률의 지속현상을 주장하기도 하였다.

　한편, 이와 관련된 국내연구로서 김태혁-엄철준(1995, 1997), 우춘식-곽재석(2000)은 반전거래전략(앞서 역투자전략의 의미와 동일함)의 성과가 우수했다고 주장한 바 있다. 그러나 신성환(1997)은 일반적으로 패자포트폴리오에 속했던 기업들 중에서 상당수가 투자실행 후 수년 내 도산하는 것으로 나타나고 있는 현상에 근거하여 반전거래전략의 유효성에 의문을 제기하였다. 또한 이정도-안영규(2002)는 구성기간과 투자기간을 보다 다양화 한 전략수립방법에 기초하여 구성한 반전투자전략과 계속투자전략의 유효성이 혼합되어 나타났다고 주장하였으며, 장경천-정헌용(1998)은 거래량의 정보효과와 연관을 지어서 거래량이 이들 투자전략의 유효성에 각각 어떤 방향으로 영향을 미치는지를 분석하였다.

두 번째 연구흐름은 가치투자전략(value strategy)과 성장주투자전략(growth strategy)의 유효성을 검증하는 연구이다. 이는 표본기업들의 특정시점의 장부가치 대 시장가치비율(B/M; BE/ME), 주당현금흐름 대 주가비율(C/P), 주당순이익 대 주가비율(E/P), 주당매출액 대 주가비율(S/P) 등 가치비율[2]의 값을 구한 후 이 가치비율이 크면 클수록 가치주포트폴리오로 분류하고, 반대로 작으면 작을수록 성장주포트폴리오로 각각 분류한 다음, 전자의 수익률에서 후자의 수익률을 차감한 차익포트폴리오의 수익률패턴을 분석하여 가치투자전략과 성장주투자전략의 유효성을 검증하고 있다.

이와 관련된 국외연구로는 Basu(1977, 1983)는 E/P(PER)효과를, Chan-Hamao-Lakonishok(1991)은 B/M(PBR)효과와 C/P(PCR)효과를 각각 제시하였다. 그러나 가치주프리미엄에 대한 본격적인 연구는 Fama-French(1992, 1993, 1995, 1998, 이하 FF라 칭함)와 Lakonishok-Shleifer-Vishny(1994, 이하 LSV라 칭함)에 와서 큰 진전이 이루어졌다고 할 수 있다. 이 연구들은 가치주프리미엄이 존재한다는 점에서는 모두 일치를 보고 있으나 그 가치프리미엄의 발생원인에 대해서는 각기 다른 가설에 근거하여 설명하고 있다.

FF(1993)는 가치주의 수익률이 성장주에 비해 높은 이유에 대해 위험요인가설(risk based hypothesis)을 제시하고 있다. 반면 LSV(1994)은 가치주가 성장주에 비해 수익률이 더 높은 이유가 가치주가 성장주보다 위험이 더 높기 때문이 아니라 투자자들이 과거에 성과가 좋았던 성장주식은 미래에도 계속해서 좋을 것으로

---

2) 가치비율들은 B/M, E/P, C/P, S/P 등으로 표시하기도 하지만 실무에서는 이의 역수인 주가배수(multiples)로 표현하기도 한다. 즉, B/M은 PBR, E/P는 PER, C/P는 PCR, S/P는 PSR 등으로 표시하기도 한다. 이 책에서는 전자의 방법으로 표시하였다.

기대하고, 과거에 성과가 나빴던 가치주식들은 미래에도 계속해서 나쁠 것으로 기대하는 기대오류 때문이라고 주장하면서 기대오류 가설(expectation error hypothesis)을 제시하고 있다.

한편 이와 관련된 국내연구로는 송영출(1999), 김성표-윤영섭 (1999), 감형규(1999), 김석진-김지영(2000), 김규영-김영빈 (2001)이 있는데, 한국주식시장에서도 가치주프리미엄이 존재하고 있다는 연구결과가 우세하게 나타나고 있다.

마지막으로 세 번째 연구흐름은 기업규모효과(size effect)를 이용한 소기업투자전략(small firm strategy)과 대기업투자전략 (big firm strategy)의 유효성을 검증하는 연구이다. 이는 기업규모(size)를 이용하여 규모가 작은 소기업포트폴리오를 매입하고 규모가 큰 대기업포트폴리오를 매도하는 차익포트폴리오를 구성하고 미래 일정기간 동안 이 차익포트폴리오의 수익률이 통계적으로 유의적인 양(+)으로 나타나면 소기업투자전략(small firm strategy)이 유효하고, 반대로 유의적인 음(-)으로 나타나면 대규모투자전략(big firm strategy)이 유효하다고 본다.

이와 관련된 국외연구로는 Banz(1981), Roll(1981), Reinganum (1981), Basu(1983), Keim(1983), Chan-Hamao-Lakonishok(1991)가 있고, 국내연구로는 최운열-김우종(1986), 지청(1987), 황선웅(1993), 김원기-권영진(1995), 송영출-이진근(1997), 이진근(1998)의 연구가 있다. 이들 연구 대부분이 한국주식시장에 기업규모효과가 존재한다고 주장하고 있다. 그러나 그러한 기업규모효과가 발생하는 원인에 대해서는 베타(β)의 추정이나 비정상수익률 측정상의 통계적 편의, 빈번하지 않은 거래에 기인한 편의, 거래비용이나 매수-매도호가 등 제도적인 측면 그리고 소규모기업들이 대규모기업들에 비하여 시장에서 생산되는 정보의 양이 매우 적기 때문에 투자에 대한 불확실성이 그만큼 더 크게 나타나고, 이러한 높은 불확실성이 위험요소(risk factor)로 작용하여 투자자들로 하여금 보다 더 높은 수익률을 요구하게 된다는 '정보효과가설'을 가설을 제시하고 있다.

　이러한 투자전략에 관한 선행연구에서 나타난 연구 설계를 종합적으로 살펴보면 한 가지 뚜렷한 공통적 한계점을 발견할 수 있는데, 하나같이 포트폴리오를 구성할 때마다 1개의 변수를 기준으로 패자포트폴리오나 승자포트폴리오 또는 가치주포트폴리오나 성장주포트폴리오 또는 소형주포트폴리오나 대형주포트폴리오 등으로 분류하여 차익포트폴리오를 구성하고 이에 근거하여 투자전략의 유효성을 검증하고 있다는 점이다. 다음은 선행연구들의 설계방법에서 나타나고 있는 공통적인 한계점을 요약한 것이다.

　첫째, 선행연구에서 역투자전략 혹은 계속투자전략이 유효하다고 결론을 내릴 때, 포트폴리오의 수익률 차이를 가져오는 다수의 변수들을 적절히 통제하는데 실패함으로써 초과수익의 발생원인을 적절히 설명하지 못하고 있다는 점이다. 이를테면 초과수익의 원인을 투자자의 과잉반응(overreaction) 또는 과소반응(underreaction) 현상 때문이라고 추정하고 있을 뿐이다. 그러나 이와 같이 과거성과라는 1개의 변수만으로 포트폴리오를 구성할 경우에 간과하고 있는 점은 비슷한 과거성과를 보이는 기업들 중에도 저평가된 가치주와 고평가된 성장주가 함께 섞여 있고 또한 비슷한 과거성과와 비슷한 가치비율을 보이는 주식들 중에도 기업규모 면에서 소형주와 대형주가 함께 섞여 있을 수 있다. 그렇기 때문에 이점을 제대로 반영하지 않고 단순히 과거 주식투자성과 변수 한 개만으로 기업들을 구분하여 포트폴리오 수익률의 차이를 분석하게 되면 설령 그 수익률이 통계적으로 유의적인 양(＋) 또는 음(－)으로 나타난다고 하더라도 그 원인이 오직 과거성과 효과 때문이라고만 단정을 내린다는 무리라는 생각이 든다.

요약하면, 선행연구에서는 과거성과뿐만 아니라 가치프리미엄 효과, 기업규모효과 또는 기타 효과가 수익률의 차이에 영향을 미칠 수 있는 다양한 가능성을 고려하고 또한 이러한 다양한 효과들을 적절하게 통제하지 못했다는 한계점을 지니고 있다.

둘째, 선행연구에서 가치투자전략 혹은 성장주투자전략이 유효하다고 결론을 내리고는 있지만 이들 투자전략도 그 수익률 차이의 원인이 정확히 무엇인지에 대해서는 명확한 설명을 하지 못하고 있다는 점이다. 지금으로서는 B/P, E/P, C/P, S/P 등 가치비율 중에서 어느 가치비율에 대한 가치프리미엄 효과가 가장 큰 지를 주로 다루고 있을 뿐이다. 또한 수익률의 차이가 나타나는 원인이 위험(표준편차나 베타)의 차이 때문인지에 대한 검증이 시도되었지만 대체적으로 위험의 차이가 수익률 차이를 설명할 만큼 크지 못하다고 결론을 내리고 있다. 그렇다면 포트폴리오의 수익률 차이가 오직 어느 한 가지 가치비율의 가치프리미엄 효과에만 기인하는지에 대해서 의문을 갖지 않을 수가 없다.

이처럼 선행연구들은 가치투자전략 혹은 성장주투자전략 중에서 어느 투자전략이 더 유효한지에 대한 결론은 내리고 있으나 이 경우도 앞서의 경우와 마찬가지로 기업들을 단지 여러 가지 가치비율 중에서 단지 어느 한 개의 가치비율 변수만을 가지고 포트폴리오를 구성하여 수익률 차이를 검증하고 있기 때문에 수익률 차이의 원인으로서 어느 한 가지 가치프리미엄효과의 존재여부에 대해서만 제시할 수 있을 뿐, 지금까지 별다른 원인을 제시하고 있지 못한 실정이다. 따라서 가치주와 성장주포트폴리오 간의 수익률 차이가 오직 어느 하나의 가치프리미엄효과 때문이라고만 보기는 힘들며 과거성과나 기업규모효과 등 기타 변수들도 함께 영향을 미칠 수 있는 가능성을 완전히 배제할 수가 없다.

셋째, 선행연구에서는 소기업투자전략이 유효하다고 결론을 내리고 있지만 아직까지도 기업규모효과가 베타나 수익률 측정상의 통계적 편의 때문인지 아니면 거래비용이나 매수매도호가 등 제도적 측면의 편의(bias)때문인지 아니면 소기업에 대한 투자정보를 획득하는데 추가비용이 발생한다는 정보효과가설 때문인지 그 성과차이의 원인이 불명확하다. 기업규모효과의 경우도 앞의 경우와 마찬가지로 소기업주식이나 대기업주식들 가운데에도 과거성과(주식투자수익률)가 나빴던 패자주식과 좋았던 승자주식이 함께 섞여 있을 수 있으며, 저평가된 가치주식과 고평가된 성장주식이 함께 섞여 있을 수 있다.

따라서 소기업포트폴리오와 대기업포트폴리오간의 수익률의 차이가 오직 이들 포트폴리오 간의 기업규모의 차이 때문인 것으로 단정 지을 수 없다. 여기에도 기업규모효과 이외에 가치프리미엄 효과와 과거성과프리미엄 효과가 영향을 미칠 수 있을 가능성이 있는 것이다.

요약하면 선행연구에서처럼 어느 한 개의 변수만을 이용하여 표본기업들을 분류하여 투자전략들의 차익수익률을 분석한다면 그 수익률이 통계적으로 유의적임을 발견했다 하더라도 기타 변수들이 적절히 통제되지 못한 결과 그 원인이 정말 과거성과프리미엄효과 때문인지, 아니면 가치프리미엄효과 때문이지, 아니면 기업규모프리미엄효과 때문인지에 대해서 명확히 설명할 수 없게 된다.

반면에 이 책에서는 기존 연구에서 나타난 이러한 공통적인 한계점을 보완하여 각 투자전략들이 내포하고 있는 수익률의 차이가 정확히 어떤 효과 때문인지, 즉 각 투자전략의 프리미엄의 원천이 무엇인지를 명확하게 제시하고자 3단계 포트폴리오 구성방법을 이용한다.

이 책에서는 과거에 주식투자성과가 좋지 않았던 패자기업이나 좋았던 승자기업들 중에도 가치기업과 성장기업이 함께 섞여 있을 수 있다는 점과 패자기업(또는 승자기업)들 중에도 저평가된 가치기업과 고평가된 성장기업이 함께 섞여 있을 수 있다는 점 그리고 동일한 가치기업(성장기업)이라 하더라도 기업규모 면에서 소기업과 대기업이 함께 섞여 있을 수 있다는 점을 고려하였다.

구체적으로 본 연구에서는 과거주식 투자성과, 가치비율, 기업규모 등 모두 세 개의 변수를 이용한 3단계 포트폴리오 구성방법을 적용하여 최종적으로 투자전략이 내포한 수익률의 차이는 과거성과, 가치비율, 기업규모가 모두 통제된 수익률이 되도록 하였다.

따라서, 3단계 포트폴리오 구성방법을 사용하여 역투자전략, 가치투자전략, 소기업투자전략 등 각 투자전략의 수익률이 통계적으로 유의적인 양(+)으로 날 경우 그 차익수익률의 원천이 과거성과프리미엄효과, 가치주프리미엄효과, 기업규모프리미엄효과 중에서 정말 어떤 효과 때문인지를 명확하게 제시할 수 있게 된다.

3단계 포트폴리오 구성방법에 근거하여 측정된 역투자전략의 수익률이란 가치주프리미엄효과와 기업규모프리미엄효과가 모두 통제된 상태에서 과거성과프리미엄효과만이 영향을 미친 결과이기 때문이다.

마찬가지로 가치투자전략의 수익률이란 과거성과프리미엄효과와 기업규모프리미엄효과가 모두 통제된 상태에서 B/P, E/P, C/P, S/P 중에서 어느 하나의 가치주프리미엄효과만이 영향을 미친 결과이다.

그리고 소기업투자전략의 수익률이란 과거성과프리미엄효과와 가치주프리미엄효과가 모두 통제된 상태에서 기업규모프리미엄효과만이 영향을 미친 결과이다.

한편, 기존 연구는 초과수익을 가져다줄 수 있는 여러 투자전략 중에서 어떤 투자전략이 유효한 전략인지를 제대로 다루지 못하고 있다. 반면에 본 연구는 3단계 포트폴리오 구성방법으로 타 효과들이 적절히 통제된 상태에서 특정 투자전략의 유효성을 상호 비교함으로써 다양한 투자전략들 중에서 정말 어떤 투자전략이 가장 유효한 투자전략인지를 분명히 제시하는 연구라는 점에서 큰 공헌하고 있다고 생각한다.

본 연구는 선행연구에서 유효한 것으로 제시된 바 있는 역투자전략, 가치투자전략, 소기업투자전략에 대하여 주요 재무변수(본 연구에서는 과거성과, 가치비율, 기업규모 변수임)들을 엄격하게 통제한 이후에도 그 유효성이 그대로 유지되는지, 그리고 이 세 가지의 투자성과를 상호 비교함으로써 한국 주식시장에서 유효하며 가장 우수한 투자전략은 무엇인지 그리고 그 성과의 원인은 무엇인지를 규명하고, 한국주식시장에서 가치투자성과의 우수성을 규명하는 것을 목적으로 하고 있다.

제2절 연구방법 및 구성

이 책은 실제 주식투자를 한다고 할 때, 주식 한 종목만을 대상으로 몰빵투자하는 것이 아니라, 포트폴리오 방식으로 분산투자하는 경우를 상정하여 한국주식시장에서 초과수익을 달성할 수 있는 유효한 투자전략을 규명하고 있다는 점에 유의해야만 한다. 따라서 주식투자의 결과는 포트폴리오 구성방식에 따라 얼마든지 달라질 수 있으며, 그렇기 때문에 포트폴리오 구성방식을 어떻게 설정하느냐 하는 점은 매우 중요한 문제가 된다.

특히 본 연구가 선행연구들과는 다르게 3단계 포트폴리오 구성방법을 사용하고 있다고 앞서 밝힌 바 있는데, 이런 점에서 본 연구의 실증적 결과는 기존 선행연구들의 연구결과와 다소 다를 수도 있다. 그래서 본 연구는 본 연구의 목적을 효율적으로 검증하기 위해 먼저, 기존의 국내외 연구자들이 주로 사용해온 연구설계 방식을 그대로 분석한 확인적 분석을 실시한 이후에, 필자가 새로 시도하고자 하는 3단계 포트폴리오 구성방식에 의거한 심화분석을 실시하여 서로 비교하였다.

여기서 3단계 포트폴리오 구성방법이란 과거성과, 가치비율, 기업규모 등 총 세 개의 변수를 동시에 이용(통제)하여 3단계에 걸쳐서 포트폴리오를 구성하는데 모두 72가지 포트폴리오 구성순서가 존재하게 된다.

이렇게 3단계 포트폴리오 구성 시 사용되는 과거성과, 가치비율, 기업규모 변수들은 다음과 같다.

'과거성과' 변수는 각 연도 3월말을 기준으로 그 이전 3개월간,

6개월간, 9개월간, 12개월간, 24개월간, 36개월 동안의 개별기업(종목)의 매입보유시장 초과수익률($BHAR$)을 의미한다. 3등분으로 포트폴리오를 구성한다면 여섯 가지 각 과거성과별로 각 연도의 표본기업을 오름차순으로 정렬한 후 30%-40%-30%로 나누어 각각 패자포트폴리오(Loser), 보통포트폴리오(Medium), 승자포트폴리오(Winner)로 정의하였다.

'가치비율' 변수는 각 연도 3월말 시점의 개별기업(종목)들의 B/P, E/P, C/P, S/P를 가리킨다. 3등분으로 포트폴리오를 구성한다면 각 가치비율별로 각 연도 표본기업을 내림차순으로 정렬한 후 30%-40%-30% 비율로 나누어 각각 가치주포트폴리오(High), 중간주포트폴리오(Medium), 성장주포트폴리오(Low)로 정의하였다.

'기업규모' 변수는 각 연도 3월말 시점의 개별기업(종목)들의 자기자본의 시장가치에 자연로그(ln)를 취한 값을 말한다. 3등분으로 포트폴리오를 구성한다면 기업규모를 기준으로 각 연도 표본기업을 오름차순으로 정렬한 후 30%-40%-30% 비율로 나누어 각각 소기업포트폴리오(Small), 중기업포트폴리오(Medium), 대기업포트폴리오(Big)로 정의하였다.

이를 기준으로 한 세 가지 유형의 포트폴리오 구성방식을 도표로 표현하면 다음과 같다.

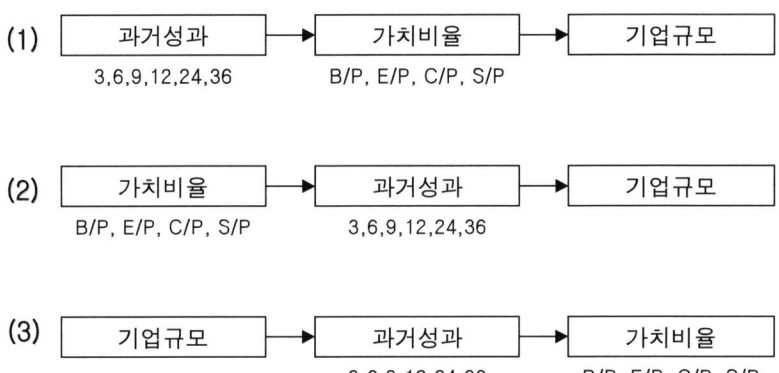

첫번째 구성방법(유형1)은 과거성과→가치비율→기업규모의 순서대로 각 단계에서 세 그룹씩 하위포트폴리오를 구성해 나가면서 최종단계에서 27개의 포트폴리오를 구성하는 방법이다. 이에는 세부적으로 24가지 구성순서(6×4)가 존재한다.

두번째 구성방법(유형2)은 가치비율→과거성과→기업규모의 순서대로 각 단계에서 세 그룹씩 하위포트폴리오를 구성해 나가면서 최종단계에서 27개의 포트폴리오를 구성하는 방법이다. 이에는 세부적으로 24가지 구성순서(4×6)가 존재한다.

세번째 구성방법(유형3)은 기업규모→과거성과→가치비율의 순서로 각 단계에서 세 그룹씩 하위포트폴리오를 구성해 나가면서 최종단계에서 27개의 포트폴리오를 구성하는 방법이다. 이에는 세부적으로 24가지 구성순서(6×4)가 존재한다.

본 연구는 1981년~2001년까지 포트폴리오 구성 후 T개월 보유기간(3, 6, 9, 12, 24, 36) 동안 세 종류 투자전략의 투자성과를 측정하기 위해 포트폴리오 구성 후 T개월 보유기간 동안의 평균매입보유시장 초과수익률(*ABHAR: average buy and hold abnormal return*)을 모두 측정한 후 먼저 역투자전략의 수익률을 나타내는 C(T)의 T개월 보유기간 동안의 투자성과의 패턴을 통해서는 T개월 보유기간 동안 역투자전략과 계속투자전략 중 어느 전략이 유효한지 그리고 과거성과프리미엄 효과(*past performance premium effect*)가 존재하는지를 검증하였다.

그 다음, 가치투자전략의 수익률을 나타내는 V(T)의 T개월 보유기간 동안의 투자성과의 패턴을 통해서는 T개월 보유기간 동안 가치투자전략과 성장주투자전략 중 어느 전략이 유효한지 그리고 가치프리미엄효과(*value premium effect*)가 존재하는지를 검증하였다.

마지막으로 소기업투자전략의 수익률을 나타내는 S(T)의 T개월 보유기간 동안의 투자성과의 패턴을 통해서는 T개월 보유기간 동안 소기업투자전략과 대기업투자전략 중 어느 전략이 유효한지 그리고 기업규모프리미엄효과(*size premium effect*)가 존재하는지를 검증하였다.

그리고 기존 연구 설계방법과 동일한 구조로 실시된 확인적 분석 결과에서 나타난 투자전략들의 투자성과와 3단계 포트폴리오 구성방법에 근거하여 실시된 심화분석에서 나타난 투자전략들의 투자성과를 비교하기 위해서, 투자전략들간에 보유기간(T)이 서로 다르기 때문에 각 투자전략들의 보유기간 수익률과 표준편차를 모두 월 단위로 표준화시켰다. 그리고 월 단위 무위험이자율(Rf)을 구하여 월 단위 샤프지수(월 단위 RVAR: reward-to-variability)를 측정하여 이 값을 기준으로 최우수투자전략을 선별하였다.

또한 역투자전략, 가치투자전략, 소기업투자전략 등 투자전략들 중에서 포트폴리오 구성방법별로 전반적으로 가장 우수한 투자전략이 무엇인지 그리고, 그 투자전략 가운데서도 최우수투자전략이 어떤 경우인지를 규명하였다.

이 책이 갖는 핵심적인 연구초점을 간략히 정리하면 다음과 같다.

첫째, 기존 선행연구에서 가장 많이 사용하고 있는 연구 설계방식과 동일하게 이용하여 한국주식시장에서 역투자전략, 가치투자전략, 소기업투자전략의 투자성과를 분석할 때 어느 전략이 유효한 전략으로 나타날 것인가, 또한 유효한 투자전략들 중에서 어떻게 수립된 투자전략이 가장 큰 차익거래이익(arbitrage profit)을 가져다주는가이다. 이 분석에서는 투자성과의 크기와 그 신뢰수준 그리고 샤프지수를 기준으로 판단한다.

둘째, 기존 연구들이 큰 관심을 갖고 비교연구한 바 있는 연구설계상의 여러 가지 차이점들 중에서 포트폴리오의 성과에 미치는 편의(bias)를 최소화시킬 수 있는 연구설계상의 가능한 한 모든 조치를 취한 후에 3단계 변수통제방식에 의해 세 가지 투자전략을 분석하였는데, 이 분석이 3단계로 변수통제하지 않았던 앞서의 분석 결과와 어떠한 차이점이 있는가를 살펴보았다.

특히 이 분석에서는 표본기업들에 대해서 변수통제순서가 세 가지 방법으로 달라지기 때문에 변수통제순서가 각 투자전략의 투자성과에 어떠한 방향으로 영향을 미치는가도 중요하다. 또한 세 가지 투자전략의 투자성과에 대해서 성과의 크기, 성과달성의 안정도, 샤프지수 등 세 가지 측면을 동시에 살펴보고 가장 우수한 투자전략을 규명하는 것도 중요한 일이다.

이 책은 크게 5개의 장으로 구성되어 있다.

제1장은 서론으로서 연구배경 및 목적 그리고 연구방법과 구성에 대해서 설명하고 있다. 제2장은 역투자전략과 계속투자전략, 가치투자전략과 성장주투자전략, 그리고 소기업투자전략과

대기업투자전략 등 세 가지 투자전략들에 대한 선행연구들에서 나타난 핵심적인 연구결과를 정리하고 있다. 제3장은 본 연구에서 사용된 자료와 변수, 표본기업 구분방법, 포트폴리오 구성절차, 포트폴리오 구성방법, 투자전략의 정의, 그리고 성과 측정 및 검증방법 등 연구 설계 전반적인 내용이 정리되어 있다.

제4장은 실증분석결과에 대한 내용으로서 선행연구와 동일한 연구 설계방식에 기초하여 이루어진 확인적분석 결과와 3단계 변수통제방식에 기초한 심화분석 결과가 정리되어 있다. 마지막으로 제5장은 결론을 정리하였다.

제2장 투자전략에 관한 선행연구

　미국에서는 1980년대 초반 그리고 국내에서는 1980년대 중반부터 이슈가 되고 있는 투자전략(trading strategy)에 관한 연구는 크게 세 가지 방향으로 압축할 수 있다. 하나는 주식수익률의 시계열적인 자기상관관계를 이용하여 역투자전략 또는 계속투자전략을 구사하면 초과수익을 달성할 수 있는지에 관한 연구이다. 그 다음으로는 저PBR(PER, PCR, PSR)포트폴리오를 매입하는 가치투자전략이나 또는 고PBR(PER, PCR, PSR)포트폴리오를 매입하는 성장주투자전략을 구사하면 초과수익을 달성할 수 있는지에 관한 연구가 있다. 마지막으로 기업규모 측면에서 소형주 포트폴리오를 매입하는 소기업투자전략이나 또는 대형주포트폴리오를 매입하는 대기업투자전략을 구사하면 초과수익을 달성할 수 있는지에 관한 연구이다.

　이 장에서는 위와 같은 세 방향에서 다각도로 이루어진 기존 연구들의 주요 연구결과를 정리하였다.

제1절 역투자전략과 계속투자전략

1) 국외연구

DeBondt-Thaler(1985)[3]는 주식시장이 과잉반응현상을 보이는 가에 대해 1926-1982년 동안의 뉴욕증권거래소(NYSE)의 보통주 식의 수익률시계열자료를 이용하여 직접적으로 검증하였는데, 포 트폴리오 구성후 36개월(3년)간의 평균누적초과수익률에 있어서 패자포트폴리오(Loser)가 승자포트폴리오(Winner)보다 약 24.6% 정도 더 높게 나타났는데, 이처럼 패자포트폴리오가 회복하고 승 자포트폴리오는 침체하는 현상은 주식시장이 관련정보에 대해 과 잉반응(overshooting)한다는 증거라고 하였다.

또한 이러한 반전효과(reversal effect)는 포트폴리오 구성후 60 개월(5년)까지 장기간 동안 지속되었다고 하였다. 특히 패자포트 폴리오의 베타(β)가 승자포트폴리오의 베타보다 오히려 더 낮음에 도 불구하고 투자성과는 더 높게 나타나는 수익률역전현상이라는 점에서 매우 특별한 결과라고 주장하였다. 또한 패자포트폴리오의 높은 수익률이 1월 효과와도 관련된 것으로 나타났다. 결국 이 연 구는 역투자전략이 유효한 전략이라는 점을 시사하고 있다.

그러나 이들의 연구는 오직 '과거 5년간의 주식 투자 수익률' 1개 변수만을 기준으로 패자 또는 승자포트폴리오를 구성하여 패자매입-승자매도의 차익포트폴리오를 구성함으로써 결과적으

---

3) DeBondt Werner F. M., Richard Thaler, Does the Stock Market Overreaction? *Journal of Finance 40*, 1985, pp.793-808.

로 나타난 차익포트폴리오의 투자성과가 과거성과에 의한 것인지, 1월 효과에 의한 것인지, 아니면 기업규모효과에 의한 것인지를 명확하게 규명하는데 실패하고 있으며, 단지 투자자들의 과잉반응행동으로만 설명하고 있다.

Chopra-Lakonishok-Ritter[4]는 과거 5년간의 주식 투자 수익률에 근거하여 패자포트폴리오(Loser)와 승자포트폴리오(Winner)를 구성한 후 대부분의 새로운 정보가 발표되는 매우 단기간(short windows)인 분기순이익발표일(quarterly earnings announcement date) 2일 전과 당일 등 총 3일 동안에 패자와 승자포트폴리오의 비정상수익률을 측정함으로써 주가과잉반응현상을 검증하였다. 이때 과잉반응가설이란 과거에 패자주식이었다면 분기이익발표 이후 비정상수익률이 양수(+)로 나타나야 하며, 과거에 승자주식이었다면 음수(-)로 나타나야 한다는 것이다.

과잉반응가설의 검증결과, 경제적이며 통계적으로 유의적인 과잉반응현상이 확실히 존재하고 있다고 주장하였다. 특히 이러한 과잉반응현상은 연구 중에 나타난 위험측정상의 오류 때문이 아니라고 강조하면서 그러한 이유로 과잉반응가설을 지지해주고 있는 양(+)의 차익거래포트폴리오 수익률이 분기순이익발표일 주변의 매우 짧은 기간에서도 관찰되었기 때문이라고 주장하였다.

또한 극단적인 패자포트폴리오는 극단적인 승자포트폴리오보다 포트폴리오 구성 후 일정한 보유기간(short windows 3일) 동안 약 5~10% 정도 더 높은 수익률을 나타냈다고 보고하고 있

4) Navin Chopra, Josef Lakonishok and Jay R. Ritter, Measuring abnormal performance: Do stocks overreact? *Journal of Financial Economics 31*, 1992, pp.235-268.

는데 여기서 흥미로운 점은 이러한 과잉반응현상이 기관투자가
들이 주로 보유하고 있는 대형주보다는 일반 개인투자자들이 주
로 많이 보유하고 있는 '소형주' 중에서도 더 작을수록 더욱더
강하게 나타났다는 점이다. 이처럼 과잉반응현상이 주로 소형주
에서 더욱 크게 나타난 이유로 이들은 일반 개인투자자들은 과
잉반응행동을 보이지만 기관투자자들은 과잉반응 행태를 거의
보이지 않기 때문이라고 해석하고 있다.

   그런데 이 연구 역시 과거 5년간의 주식투자수익률에 근거하
여 포트폴리오를 구성함으로써 패자포트폴리오의 높은 수익률에
있어서 과거성과가 미친 영향과 기업규모가 미치는 영향을 구분
하는데 실패하고 있다. 즉, 과거성과나 기업규모 혹은 기타 가치
비율들에 대해서 적절한 통제를 했어야 했다.

   Jegadeesh-Titman(1993)[5]의 연구는 계속투자전략에 대한 대표
적인 연구이다. 이들은 주가반전현상(reversals)과는 정반대의 현
상인 주가지속현상(momentum)을 12개월 이내의 단기수익률에
기초한 투자전략의 주식투자성과행태 연구에서 발견하였다고 하
였다. 이들은 과거 3, 6, 9, 12개월 동안 주식 투자 수익률이 매우
높았던 승자주식(Winner)을 매입하고, 반대로 같은 기간 동안에
주식 투자 수익률이 낮았던 패자주식(Loser)을 매도하는 계속투
자전략(momentum strategy)을 포트폴리오 구성 후 3, 6, 9, 12개
월 보유했을 때 초과수익률을 달성할 수 있다는 연구결과를 제시
하였다. 그리고 이 같은 결과의 원인이 패자주식의 체계적 위험이

---

5) Jegadeesh Narasimhan, Sheridan Titman, Returns to Buying Winners and
   Selling Losers: Implications for Stock Market Efficiency, *Journal of Finance
   48(No.1)*, 1993, pp.65-91.

승자주식에 비하여 더 크기 때문에 나타난 현상이 아니라고 강조하면서, 이러한 초과수익현상은 약 2년(24개월) 후부터는 사라졌다고 주장하였다.

그러나 이들의 연구 역시 과거 주식투자수익률 변수 한 개만을 이용하여 수익률 차이를 검증하고 있는 관계로 그 수익률 차이가 과거성과 때문에만 발생한 것인지 아니면 기업규모효과나 가치프리미엄 혹은 1월 효과나 기타 효과 등에 의한 것은 아닌지 분명하게 설명하지 못한다는 한계가 있다.

Loughran-Ritter(1996)[6]는 1929-1988년까지의 자료를 이용하여 누적평균수익률(*CAR: cumulative average return*)과 매입보유수익률(*BHR: buy and hold return*)을 기준으로 표본기업들을 각각 패자포트폴리오(Loser)와 승자포트폴리오(Winner)로 구분한 후 이 두 포트폴리오에 대한 평균주가, 평균기업규모, 평균수익률을 각각 구하여 과잉반응현상을 검증하였다.

검증결과, 누적초과수익률(*CAR*) 혹은 매입보유수익률(*BHR*)을 기준으로 포트폴리오를 구성할 때, 검증기간(3년) 동안의 수익률 면에서 별다른 차이점을 발견하지 못하였다고 보고하고 있다. 그러나 패자포트폴리오와 승자포트폴리오간의 수익률 차이는 *BHR*를 기준으로 포트폴리오를 구성한 경우가 *CAR*를 기준으로 구성한 경우보다 전체적으로 더 크게 나타났다고 하였다. 그러나 이 연구 역시 *BHR* 또는 *CAR*과 같은 과거성과 변수 1개만을 이용하여 포트폴리오를 구성함으로써 앞서 연구들이 지닌 한계점을 마찬가지로 갖고 있다.

---

6) Tim Loughran and Jay R. Ritter, Long-Term Market Overreaction: The Effect of Low-Priced Stocks, *Journal of Finance*, 1996, pp.1959-1970.

Xiaoyan Ni-Ming Hua Liu-Joseph Kang(2001)[7]의 연구는 주별 수익률(weekly return)자료를 이용하여 과거 일정기간(포트폴리오 구성 1주, 2주, 4주, 8주, 16주, 20주, 26주전 기간) 동안에 주별 투자수익률이 가장 나빴던 주식을 패자포트폴리오(Loser)로 분류하고, 주별 투자 수익률이 가장 좋았던 주식을 승자포트폴리오(Winner)로 구분하였다. 그런다음 포트폴리오 형성기간(F)과 검증기간(H)을 동일하게 각각 8가지씩(1주, 2주, 4주, 8주, 16주, 20주, 26주)으로 구성하여 총 64개의 역투자전략(L-W)을 수립하였다. 이 64개 역투자전략들의 포트폴리오 구성 후 1, 2, 4, 8, 16, 20, 26주 기간 동안의 성과를 통하여 중국주식시장에서의 역투자전략과 계속투자전략의 유효성을 검증하였다.

상기의 64개 전략의 검증기간(H) 동안의 역투자전략의 수익률(L-W)을 측정한 결과, 1-1, 2-8, 2-12, 2-16, 4-4, 4-8, 4-12, 8-1, 8-2, 8-4, 8-8, 8-12, 8-16, 12-4, 12-8 등 모두 15개 전략에서 통계적으로 유의적인 양(+)으로 나타나 역투자이익(contrarian profit)이 존재한다고 하였다.

이는 과거 12주 이내의 주별 주식투자수익률 정보에 기초하여 패자포트폴리오 매입 & 승자포트폴리오 매도라는 차익거래 포트폴리오(역투자전략)를 구성한다음, 구성 후 그 차익거래포트폴리오를 8주 이내로 보유한다면 역투자전략이 양(+)의 초과수익률을 올릴 수 있는 유효한 투자전략이 된다고 주장하였다.

반면에, 12-26, 16-20, 16-26, 20-16, 20-20, 20-26, 26-12,

---

7) Xiaoyan Ni, Ming-Hua Liu and Joseph Kang, Contrarian and Momentum strategies and "Stir-Frying" in the Chinese stock Market, *Nanyang Business School, Nanyang Technological University, Singapore, working paper*, 2001.

26-16, 26-20, 26-26등 총 10개 전략에서 역투자전략의 수익률 (L-W)이 통계적으로 유의적인 음(-)으로 나타나 계속투자이익 (momentum profit)도 존재한다고 하였다.

이는 과거 12주 이상 26주 이내의 주별 주식 투자 수익률 정보에 기초하여 승자포트폴리오 매입 &패자포트폴리오 매도라는 차익거래 포트폴리오(계속투자전략)를 구성한다음, 구성 후 그 차익거래 포트폴리오를 16주 이상 26주 이내로 보유한다면 계속투자전략이 양(+)의 초과수익률을 올릴 수 있는 유효한 투자전략이 된다고 주장하였다.

결론적으로 이들은 중국주식시장에서 역투자이익과 계속투자이익의 존재는 서로 배타적인 현상이 아니라 상호 공존하는 현상이라고 하였다.

그러나 이 연구 역시 과거 1주~26주까지의 주별 주식투자수익률에만 근거하여 포트폴리오를 구성하고 역투자전략 또는 계속투자전략의 유효성을 검증하였으나, 그 차익거래 수익률에 기업규모나 가치비율 혹은 기타 기업특성변수들이 미칠 수 있는 영향을 적절하게 통제하지 않았다는 점에서 앞서 기존연구들이 지닌 한계점을 동일하게 갖고 있다.

2) 국내연구

우춘식-곽재석(2000)[8]은 대부분의 기존 연구들이 반전투자전략(역투자전략)의 투자성과의 원천이 1월 효과나 기업규모효과

---

8) 우춘식과 곽재석, 반전거래전략의 투자성과와 체계적 위험의 변화에 관한 실증연구, *재무관리연구 제17권 제1호*, 2000, pp.67-89.

에 기인하는 것으로 설명하고 있는 것과는 달리, 패자 또는 승자 포트폴리오의 체계적 위험의 변화가 반전거래전략의 투자성과에 영향을 미칠 수 있음을 제기하면서 1982. 1-1996. 12의 표본을 이용하고 DeBondt-Thaler(1985)의 연구방법을 원용하여 1985년, 1988년, 1991년, 1994년 초에 개별종목들의 월평균비정상수익률을 기준으로 50개 종목씩 선택하여 각각 승자포트폴리오와 패자 포트폴리오를 구성하고 이에 근거하여 반전거래전략의 투자성과와 체계적 위험간의 관계를 분석하였다.

분석 결과, 이들은 시장모형과 Ibbotson(1975)의 RATS(returns across time and securities model)모형을 이용하여 형성기간과 검증기간의 베타계수를 측정하였는데, 승자포트폴리오의 베타계수는 검증기간에서 '하락'하는 한편 패자포트폴리오와 차익포트폴리오 (패자포트폴리오 수익률에서 승자포트폴리오 수익률을 차감한 포트폴리오)의 베타계수는 '상승'하는 것으로 나타나 「체계적 위험의 변동가설」에서 예상하는 결과와 일치하였다고 하였다.

또한, *RATS* 모형을 이용하여 차익포트폴리오의 검증기간의 월평균 초과수익률을 측정한 결과 0.87%(t = 3.153)로 나타났는데, 이는 시장조정 수익률모형을 이용할 때(1.32%)보다 작았다. 이러한 결과는 반전거래전략의 투자성과가 체계적 위험의 변화에 영향을 받는 증거(시장조정 수익률 모형에서)라고 하였다. 또한 형성기간과 검증기간에서의 베타계수와 월평균 초과수익률의 변화를 분석한 결과 베타계수와 월평균 초과수익률이 정(+)의 관계로 변했다고 하였다.

그리고 Chan(1988)의 모형을 이용하여 체계적 위험과 시장위험프리미엄 간의 관계를 분석한 결과, Chan(1988)이 주장한 것처럼, 패자포트폴리오와 차익포트폴리오의 경우 베타계수와 시장위험프리미엄 간에 유의적인 양(+)의 상관관계가 존재하였고 승자포트폴리오의 경우에는 유의적인 음(−)의 상관관계가 존재한다고 하였다.

또한 Chan(1988)이 주장한 것과 같이 체계적 위험과 시장위험프리미엄 간 관계가 '시장상황(market state)'[9]에 따라 영향을 받는지도 검증하였는데, 활황시장과 침체시장으로 각각 분류하여 각 시장상황에 따라 베타계수를 추정하였다. 추정결과, 패자포트폴리오의 베타계수는 활황시장에서 1.0967(t = 13.018), 침체시장에서 1.0883(t = 15.310)을 나타난 반면에, 승자포트폴리오의 베타계수는 활황시장에서 0.9468(t = 9.100), 침체시장에서 0.9086(t = 7.431)로 나타났는데 패자포트폴리오의 베타계수는 시장상황에 따라 거의 차이를 보이지 않은 반면에 승자포트폴리오의 베타계수는 침체시장보다 활황시장에서 크게 나타남으로써 반전거래전략의 투자성과가 체계적 위험의 변화에 기인한다고 하였다.

그러나 이 연구 역시 과거 1년부터 3년간의 비정상수익률을 이용하여 포트폴리오를 구성함으로써 앞서 연구들이 지닌 한계점을 동일하게 갖고 있다.

김태혁−엄철준(1995)[10]은 DeBondt−Thaler(1985)와 비슷한 검증방법을 사용하여 한국주식시장을 대상으로 하여 주가반전현상(reversals)이 일어나는지를 분석하였다. 이들의 분석은 크게 두 가지로 나누어지는데, 하나는 주가 과민현상(overreaction)을 검증

---

9) 시장지수의 월별수익률이 0보다 크면 활황시장, 그리고 0보다 작으면 침체시장으로 간주하였다.

10) 김태혁과 엄철준, 한국주식시장의 주가과민반응현상에 관한 실증적 연구, *서울대학교 증권·금융연구 창간호*, 1995, pp.23-48.

하기 위한 것으로서 시장조정 초과수익률과 위험조정 초과수익률을 이용하여 각 초과수익률의 고저에 따라 각각 25개의 개별주식으로 구성된 패자포트폴리오(Loser)와 승자포트폴리오(Winner)를 형성하고 이들이 검증기간(24개월) 동안 실현한 누적초과수익률(CAR)을 계산하여 비교하였다.

분석 결과, 시장조정 초과수익률을 이용하여 산출한 패자포트폴리오와 승자포트폴리오의 평균누적초과수익률은 DeBondt-Thaler(1985)의 연구결과보다 더 크게 나타나 훨씬 뚜렷한 주가과민반응현상의 증거를 찾을 수 있었다 하였다. 또한 위험조정 초과수익률을 이용한 경우에도 주가과민반응현상이 뚜렷하게 존재함을 발견했다고 주장했다. 즉, 한국주식시장에서는 초과수익률의 측정방법에 관계없이 주가과민반응현상이 존재한다고 하였다.

또한 Chan(1988)[11]은 패자포트폴리오와 승자포트폴리오의 초과수익률이 위험에 대한 보상(risk based compensation)이라고 주장한 바 있는데 이들은 Chan과 달리 패자포트폴리오의 체계적 위험(β)이 승자포트폴리오보다 오히려 더 작게 나타나 Chan의 주장을 반박하였다.

그리고 과민반응현상의 검증기간 동안에 계절적인 효과(seasonal effect)를 보면 패자포트폴리오와 승자포트폴리오 모두가 양(+)의 초과수익률을 달성하였지만 1월 효과가 주가과민반응현상의 존재여부에 직접적으로 영향을 미치지 못했다고 하였다.

그러나 이 연구 역시 과거 초과수익률에 근거하여 포트폴리오를 구성하고 있다는 점에서 앞서 연구들이 지닌 한계점을 마찬

---

11) Chan, K. C. On the Contrarian Investment Strategy, *Journal of Business 61*, 1988, pp.147-163.

가지로 갖고 있다.

김태혁－엄철준(1997)[12]은 1980-1995년까지 16년 동안 한국주식시장에서 주식수익률의 시계열자기상관성 분석과 시장수익률을 평균적으로 초과할 수 있는 거래전략의 존재 및 그 초과수익률의 크기를 분석하였다.

분석결과, 한국주식시장에 있어서 거래전략의 개발가능성을 평가하기 위해 특정시점을 기준으로 투자기간수익률과 분석기간수익률간의 시계열자기상관성을 검증한 행태적 측면의 실증결과에 의하면 시계열속성을 나타내는 베타계수[13]가 유의적인 양(＋) 혹은 음(－)을 나타냈기 때문에 특정시점 이전의 주식수익률은 목표투자기간 동안에 투자할 대상을 선정하는데 중요한 정보원천이 될 수 있으며, 각 투자기간에 있어서 분석기간이 길어질수록 더욱 더 유의적인 음(－)의 베타계수를 나타냄에 따라 계속거래전략보다는 반전거래전략이 더 우수한 전략이라고 하였다.

또한 특정시점 이전과 이후 수익률 간의 시계열적 종속성을 활용하여 주식투자를 실행할 경우 시장평균수익률을 초과하는 거래전략이 존재하는지를 파악하기 위해 패자포트폴리오와 승자포트폴리오의 초과수익률간의 차이로써 측정된 수익률(반전거래전략의 수익률)을 이용한 실증결과에 의하면, 행태적 측면의 결과와 일관되게 분석기간수익률의 정보를 이용하여 투자기간에 투자하는 경우에 시장평균수익률을 초과하는 거래전략이 존재하

---

12) 김태혁과 엄철준, 한국주식시장에 있어서 반전거래전략과 계속거래전략의 경제적 유용성에 관한 비교연구, *재무관리연구 제14권 제3호*, 1997, pp.73-111.
13) 여기서 베타계수란 투자기간수익률을 피설명변수로, 분석기간수익률을 설명변수로 두고 회귀분석을 실시했을 때의 회귀계수를 말함.

였으며, 또한 패자포트폴리오와 승자포트폴리오의 수익률 차이값 중 유의적인 음(−)의 값보다는 유의적인 양(+)의 값이 더 많이 나타남으로써 반전거래전략이 더 우수한 전략이라고 하였다.

그리고 분석기간에 기초한 투자기간에 대한 투자전략상의 유용성을 최대한 발휘할 수 있는 투자전략과 투자기간을 검증한 패자포트폴리오와 승자포트폴리오의 수익률 차이의 1개월 평균값에 의하면 반전거래전략을 지지하는 경우가 계속거래전략의 경우보다 약 5배 이상 높은 값을 실현하였고, 반전거래전략 중에서 분석기간 42개월에 대한 투자기간 24개월의 투자전략이 가장 높은 투자성과를 보였다고 하였다.

또한 투자종목의 선택측면에서 각 투자전략의 실질적인 유용성을 확인하기 위하여 패자포트폴리오와 승자포트폴리오의 특성을 검증한 결과에 의하면, 각 투자기간에 있어서 분석기간의 길이가 길어질수록 패자포트폴리오는 유의적인 양(+)의 값을 승자포트폴리오는 유의적인 음(−)의 값을 나타내었고, 특히 투자기간보다 분석기간의 길이가 긴 경우에 이러한 경향이 더욱 뚜렷하게 나타났다고 하였다.

또한 패자포트폴리오와 승자포트폴리오를 각각 투자대상종목으로써 매입보유한 반전거래전략과 계속거래전략에 대한 유용성을 비교 검증한 패자포트폴리오와 승자포트폴리오 각각의 1개월 평균초과수익률에 따르면, 반전거래전략의 패자포트폴리오가 계속거래전략의 승자포트폴리오보다 약 5배정도 높은 1개월 평균초과수익률을 실현하였고 반전거래전략의 유용성을 충분히 발휘하기 위하여 장단기 투자기간을 설정할 경우에 6개월에서 36개월로 이동함에 따라 6개월부터 24개월까지는 초과수익률이 상승

하지만 그 이후로는 감소하여 반전거래전략을 활용할 경우 주식
투자기간은 24개월 이하가 적합하다고 하였다.

그러나 이 연구 역시 과거 초과수익률의 크기를 기준으로 포
트폴리오를 구성하고 다른 주요 변수를 통제하고 있지 못하다는
점에서 앞서 연구들이 지닌 한계점을 동일하게 갖고 있다.

김태혁-엄철준(1997)[14]은 한국주식시장의 1980-1993년의 일
별 및 월별수익률자료를 이용하여 시장수익률의 선택(가치가중
수익률 또는 동일가중수익률)과 투자기간 수익률 측정방법(누적
수익률, 산술수익률, 재구성수익률, 매입보유수익률)의 선택이 주
가과민반응 결과에 어떠한 영향을 미치는지를 검증하였다.

분석 결과, 이들은 시장수익률(동일가중시장수익률 혹은 가치
가중시장수익률)의 선택뿐만 아니라 투자기간 동안의 포트폴리
오의 수익률을 측정하는 방법(누적수익률, 산술수익률, 재구성수
익률, 매수보유수익률) 그리고 포트폴리오수익률의 측정단위기간
(일별 혹은 월별)에 따라서 초과수익률의 실증결과가 크게 달라
졌다고 하였다.

따라서 자본시장과 관련하여 초과성과를 측정하고자 할 경우에
는 선택 가능한 벤치마크 시장수익률 중에서 연구목적에 부합되
는 수익률을 선택해야 하며, 투자 수익률 측정방법과 관련해서도
기존 연구에서 가장 많이 사용되어 온 누적초과수익률(CAR)은
시장수익률의 선택방법에 따라 매우 다른 결과를 제시할 뿐만 아
니라 통계적 편의도 지니는 반면에 매입보유초과수익률(BHAR)
은 이러한 측정오차를 최소화시킬 수 있는 방법이므로 주가과민

---

14) 김태혁과 엄철준, 시장조정 초과수익률 측정방법의 선택이 주가과민반응 실증
결과에 미치는 영향, *재무연구 제14호*, 1997. 10, pp.65-100.

반응현상을 포함한 사건연구에 있어서 연구목적에 합당한 수익률 측정방법이라고 하였다.

장경천 - 정헌용(1998)[15]은 자본시장에 관한 대부분의 기존 연구가 주로 주식수익률에만 초점을 두고 이루어져 왔다고 지적하면서 거래량(volume)도 주식시장의 특징을 설명하는 중요한 요인임에도 불구하고 별다른 연구가 없었고, 비록 주가와 거래량 간의 관계를 분석한 연구가 있다고는 하지만 단순히 이 둘 간의 인과관계를 통계적으로 분석하는 것에 그치고 있으며 주로 시장 수익률과 시장거래량 자료를 이용하여 분석하고 있다고 지적하였다.

이에 반하여 이들의 연구는 과거 개별주식의 거래량과 개별주식의 수익률간의 관계를 역투자전략(contrarian strategy)과 상대적 세력투자전략(relative strength strategy)을 이용하여 분석함으로써 거래량의 정보효과에 대해서 통계적 유의성뿐만 아니라 경제적 유의성까지 검증하였다.

검증결과, 거래증가주식들은 수익률역전현상(reversals)을 나타낸 반면에, 거래감소주식들은 수익률역전현상이 약했고 수익률지속현상(momentum)을 크게 나타냈다고 주장하였다. 이를 통해 거래감소그룹에 대해서는 상대적 세력투자전략을 취하는 것이 수익률을 높이는 방법이라고 제안하면서 한국주식시장에서는 거래량의 정보효과가 거래증가그룹보다는 거래감소그룹에 더 크게 나타났다고 하였다.

또한 거래량의 효과가 주식시장의 장세별 구분에서 상승기가

---

15) 장경천, 정헌용, 역투자전략과 상대적 세력 투자전략을 이용한 거래량의 정보효과분석, <u>증권학회지 제22집</u>, 1998, pp.73-110.

하락기 때보다 더 큰 것으로 나타났다고 하였다. 상승기에는 거래가 감소된 주식들을 대상으로 상대적 세력투자전략을 취하고 하락기/침체기에는 거래증가주식들을 대상으로 역투자전략을 취하는 것이 수익률을 높이는 방법이라고 제안하였다.

그러나 역투자전략(또는 상대적 세력투자전략)의 높은 수익률이 오직 거래량효과에 의한 결과라고만 볼 수 없으며 기업규모효과나 가치프리미엄효과에 의한 것일 수 있는데 이를 간과하고 있다는 한계점이 있다.

신성환(1997)16)은 1980년부터 1996년까지의 주별 수익률을 이용하여 기존 연구에서 나타난 한국주식시장에서의 장기주식수익률의 역전현상(long-term return reversal)이 실제투자전략으로서 현실적인 의미가 있는 것인지를 분석하였다.

분석 결과, 1991-1993년 동안의 성과가 가장 나빴던 30개 기업들 중 1994-1996년 기간 동안 24개 기업이 파산한 것으로 나타났으며, 1994년부터 파산한 기업을 표본에 포함시킨 분석에서는 과거의 패자포트폴리오에 속한 기업들 중 상당수가 향후 수년 내에 파산하였는데 이는 투자전략에 있어서 투자자들이 패자포트폴리오를 전혀 선호하지 않고 있다는 증거이며, 또한 경우에 따라서는 모든 투자자들이 패자포트폴리오보다는 시장포트폴리오를 더 선호하는 것으로 나타났다고 하였다.

또한 상장 폐지된 종목들이 포함되기 시작한 1994년부터 과거 3년 동안 가장 낮은 누적초과수익률을 보인 30개 기업 중에서 향후 3년 동안 살아남은 기업의 수는 1992년 초에 선택한 30개

---

16) 신성환, 우리나라 장기 주식수익률 역전현상이 갖는 경제적 의미?: 과연 패자포트폴리오에 투자하겠는가? *재무연구 제14호*, 1997. pp.105-123.

주식의 경우에는 23개, 그리고 1993년 초에 선택한 30개 주식의
경우에는 14개 그리고 1994년에 선택한 30개의 주식의 경우에는
6개에 불과하였다고 보고하면서 이는 장기 주식 투자 시 투자자
들이 느끼는 가장 큰 위험이 기업의 파산가능성(default)이라고
하였다.

　이 연구는 패자주식이 성장주식보다 투자기간 동안의 수익률
이 더 높았다는 기존의 연구결과들에 대하여 패자주식의 파산가
능성과 결부지어 실제현실에서는 투자자들이 패자포트폴리오보
다는 오히려 시장포트폴리오를 더 선호한다는 것을 제시하였다
는 점에서 큰 의의를 갖고 있다.

　그러나 패자 또는 승자주식으로 구분하기 위해 과거성과만을
고려한다는 점에서는 앞서의 연구결과들이 지닌 한계점을 똑같
이 지니고 있다.

　고봉찬(1997)[17]은 한국과 미국주식시장을 대상으로 Jegadeesh-
Titman(1993)의 상대적 세력투자전략(relative strength strategy)
의 수익성을 비교·검증하고 그 수익성의 원천을 분석하였다.

　분석 결과, 과거 3, 6, 9, 12개월간 주식 투자 수익률이 매우 높
았던 승자주식(Winner)을 매입하고 매우 낮았던 패자주식(Loser)
을 매도하는 상대적 세력 투자전략에 대한 포트폴리오 구성 후 3,
6, 9, 12개월간의 성과를 측정하였다. 측정결과, 미국 주식자료
(1963-1989년)에서는 매우 유의적인 약 1%의 월별 초과수익률을
얻을 수가 있었으며, 이것은 체계적 위험에 대한 보상을 고려한

---

17) 고봉찬, 위험프레미엄과 상대적 세력 투자전략의 수익성, *재무관리연구 제14권
　　제1호*, 1997, pp.1-21.

후나 베타 크기별 소표본 분석에서도 모두 유의적인 것으로 나타
났다고 하였다.

그러나 한국 주식자료(1980-1995년)에서는 오히려 비유의적인
음(-)의 월별초과수익률이 약 -0.34%로 나타났다고 하였다. 이
와 같은 한국주식시장에서 상대적 세력투자전략의 수익성은 베타
크기별 소표본 분석뿐만 아니라 5년간씩의 소표본 기간분석에서
도 마찬가지로 나타남으로써 상대적 세력투자전략이 미국에서와
달리 한국에서는 효과적인 투자전략이 되지 못한다고 하였다.

그러나 이 연구 역시 1년 이하의 과거 수개월간의 주식 투자
수익률에만 의존하여 포트폴리오를 구성함으로써 상대적 세력투
자전략의 수익성이 무엇 때문에 비롯되었는지에 대한 명확한 증
거를 제시하는데 실패하고 단순히 미국에서는 유효한 상대적 세
력투자전략이 한국주식시장에서는 비유효한 전략이라고만 제시
하고 있을 뿐이다.

신재정-나희중(1996)[18]은 Jegadeesh-Titman(1993)의 연구와
동일한 연구방법으로 한국주식시장에서의 '과거 3, 6, 9, 12개월
간 주식 투자 수익률'이 매우 높았던 승자주식(Winner)을 매입
하고 매우 낮았던 패자주식(Loser)을 매도하는 상대적 세력투자
전략의 존재를 검증하였다.

이들은 투자기간과 분석기간을 달리하는 여러 개의 투자전략
을 개발하여 투자성과를 측정하였는데, 그 중에서도 가장 뛰어난
성과를 나타낸 전략은 12개월 포트폴리오 구성기간과 3개월 포
트폴리오(12F/3T) 보유기간의 성과로서 매입보유수익률(BHR)이

---

18) 신재정, 나희중, 상대적 강점전략을 이용한 투자성과에 관한 실증연구, *재무관
리논총 제3권 제2호*, 1996, pp.125-150.

7.13%를 기록하여 3개월 미만인 단기간의 투자전략에 있어서 상대적 강점 투자전략(승자주식포트폴리오 수익률에서 패자주식포트폴리오 수익률을 차감한 값: W-L)이 유효한 전략임을 실증적으로 제시하였다.

또한 기업규모(시장가치)와 위험(scholes-williams의 베타)을 통제한 후에도 상대적 강점투자전략의 매입보유수익률이 양(+)의 값을 나타내는지를 검증한 결과에서도 대부분 기업규모와 위험에 상관없이 양(+)의 값을 나타냈으며 각각 기업규모가 클수록 그리고 위험이 적을수록 더 큰 매입보유수익률을 나타냈다고 하였다.

추가적으로 주가의 상승기인 1983년-1987까지 그리고 하락기인 1988년-1992년까지 두 기간의 상대적 강점 투자전략의 성과를 검증한 분석에서는 상승기에는 모든 구성기간과 모든 보유기간에서 모두 양(+)의 매입보유수익률을 보여준 반면에, 하락기에서는 3개월 보유기간에서만 양(+)의 매입보유수익률을 나타내고 12개월에서는 부(-)의 유의적인 수익률을 보여주었다고 하였다.

이는 3개월 미만의 보유기간에서는 상승기뿐만 아니라 하락기에서도 상대적 강점전략이 유효하며 12개월 이상 보유할 경우에는 역투자전략이 유효한 전략임을 의미하며 그러한 이유로서 하락기가 상승기보다 뚜렷하게 과소반응(under-reaction) 하기 때문에 상대적 강점투자전략이 양(+)의 매입보유수익률을 나타낸다고 설명하였다. 이 연구는 앞서의 연구들과는 달리 과거 수개월간의 주식투자수익률, 기업규모 그리고 위험(베타)을 적절히 통제하여 분석함으로써 승자포트폴리오의 높은 수익률이 위험(risk)이 더 작기 때문이라는 위험기반가설에 근거하여 수익률의 원천을 분명히 제시하고 있다.

김희집 외 6인(1988)[19]은 한국주식시장에 있어서의 주가과민반응현상을 실증적으로 검증하기 위해 1980-1986년 사이에 무상증자를 실시한 표본기업을 대상으로 무상증자를 전후로 한 주식수익률의 분산검증과 무상증자 발표시점의 주식수익률의 분산검증 그리고 상한가나 하한가와 같은 극단적인 주가변동을 경험한 주식들로 구성한 상·하한가 포트폴리오를 구성하여 포트폴리오 구성 이후 수익률의 변화가 어떻게 나타나는지에 대한 검증 등 크게 세가지 종류의 분석을 실시하였다.

분석 결과, 무상증자 발표시점을 기준으로 볼 때 수익률의 분산이 약 17% 증가하고 있는 것으로 나타났다고 보고하고 있다. 이러한 결과를 바탕으로 이들은 시장이 효율적이라는 효율적 시장가설을 부정하였으며 이를 정보에 대한 투자자들의 과민반응으로 해석하였다.

한편 상하한가 포트폴리오에 의한 검증에서는 주가가 체계적인 과민반응현상을 보인다면 주가의 반전(reversal)을 예측할 수 있을 것으로 기대하고 어느 한 시점을 기준으로 하여 일정기간 동안 상한가를 기록했던 종목들로만 구성된 포트폴리오(up-portfolio)와 하한가를 기록했던 종목들만으로 구성된 포트폴리오(down-portfolio)를 구성하여 포트폴리오 구성시점 이후의 수익률의 변화가 어떻게 나타나는지를 분석하였다.

분석 결과, 상한가포트폴리오(up-portfolio)의 경우에는 누적초

---

19) 김희집 외 6인, 우리나라 증권시장에서의 주가의 과민반응에 관한 연구, *증권학회지 제10집*, 1988, pp.1-25.

과수익률(CAR)이 포트폴리오의 구성시점 이후 하락하는 추세를 보여주었고, 하한가포트폴리오(down-portfolio)는 CAR이 상승하는 추세를 보여줌으로써 한국주식시장에 있어서 과민반응이 존재한다고 하였다.

그런데, 이 연구 역시 과거 상한가 또는 하한가를 기록한 경험 유무에 따라 두 종류의 포트폴리오를 구성하여 사건시점(무상증자 발표시점)을 기준으로 각 포트폴리오들의 분산의 변화를 통하여 주식시장의 과민반응현상을 검증하고 있다. 그러나 그러한 과민반응현상이 정확히 무엇 때문에 유발된 것인지에 대한 원천을 규명하는데 실패하였다.

다음 <표 2-1>은 역투자전략과 계속투자전략에 관한 국내외 주요 선행연구들의 연구설계를 비교 정리한 것이다.

<표 2-1> 역투자/계속투자전략 문헌들의 연구설계 비교[20]

연구	수익률	기간 구분 방식 구성기간	기간 구분 방식 투자기간	시장수익률	초과수익률	기간수익률	결론
1	월별	2년, 3년, 5년	2년, 3년, 5년	동일가중	시장조정	누적수익률	과잉반응
2	월별	5년	5년	동일가중	시장조정	누적수익률	과잉반응
3	년별	5년	5년	동일가중	위험조정 (Ibbotson)	Jensen성과지수	과잉반응
4	월별	5년	5년	동일가중	위험조정	Jensen 성과지수	과잉반응
5	월별	3년	3년	동일가중	시장조정	매입보유수익률	**과소반응**
6	일별	3, 6, 9, 12개월	3, 6, 9, 12개월	동일가중	주식수익률	매입보유수익률	**과소반응**
7	월별	1, 2, 4, 8, 12, 16, 20, 26주	1, 2, 4, 8, 12, 16, 20, 26주	가치가중	주식수익률	매입보유수익률	과잉반응
8	일별	1개월	1개월	동일가중 가치가중	시장조정	누적수익률	과잉반응
9	월별	1년	1년	가치가중	시장조정 위험조정	누적수익률 Jensen 성과지수	과잉반응
10	월별	2년	2년	가치가중	시장조정 위험조정	누적수익률	과잉반응
11	일별	3, 6, 9, 12개월	3, 6, 9, 12개월	-	평균주식 수익률	매입보유수익률	**과소반응**
12	일별 월별	36개월	36개월	동일가중 가치가중	시장조정	누적수익률 산술수익률 재구성수익률 매입보유수익률	과잉반응

20) 김태혁, 엄철준, 한국주식시장에 있어서 반전거래전략과 계속거래전략이 경제적 유용성에 관한 비교연구, 재무관리연구 제14권 제3호, 1997. 12, pp.108-109 참조하여 약간 추가하였음.

연구	수익률	기간 구분 방식		시장수익률	초과수익률	기간수익률	결론
		구성기간	투자기간				
13	월별	3, 6, 9, 12개월	3, 6, 9, 12개월	동일가중	주식수익률	매입보유수익률	**미국(과소)** 한국(과잉)
14	주별	3년	3년	동일가중	주식수익률	이산수익률	과잉반응
15	월별	3년, 2년, 1년	0년, 1년, 2년	동일가중	시장조정 위험조정	매입보유수익률	과잉반응

1) DeBondt & Thaler(1985)   2) DeBondt & Thaler(1986)   3) Ball & Kothari(1989)
4) Chopra & Lakonishok & Ritter(1992)   5) Conrad & Kaul(1993)
6) Jegadeesh & Titman(1993)   7) Xiaoyan Ni & Ming-Hua Liu & Joseph Kang(2001)
8) 김희집 외 6인(1988)   9) 장경천(1993)   10) 김태혁-엄철준(1995)
11) 신재정-나희중(1996) 12) 김태혁-엄철준(1997) 13) 고봉찬(1997)   14) 신성환(1997)
15) 우춘식-곽재석(2000)
주) 13번 연구에서 미국자료에서는 과소반응이 나타났고, 한국자료에서는 비유의적인 과잉
반응이 나타났고, 15번 연구에서는 검증기간 동안 패자포트폴리오의 월평균비정상수익
률이 승자 포트폴리오의 그것에 비해 모두 크게 나타났으나 두 포트폴리오 모두 통계
적으로 비유적이었음.
* 과민반응현상의 존재는 역투자전략이 유효함을 시사하며, 과소반응현상의 존재는 계속투
자전략이 유효함을 시사한다.

제2절 가치투자전략과 성장주투자전략

1) 국외연구

Lakonishok-Shleifer-Vishny(1994)[21]는 가치투자전략[22]의 가치

---

21) Josef Lakonishok, Andrei Shleifer, Robert W. Vishny, Contrarian Investment, Extrapolation, and Risk, *Journal of Finance 49(No.5)*, 1994, pp.1541-1578.
22) LSV(1994)는 논문에서 contrarian investment라고 부르고 있으나, 관련

주식(value stocks)이 성장주식(glamour stocks)보다 위험이 더 높아서인지, 투자자들의 극단적인 기대오류 때문인지 아니면 주식시장이 비효율적이기 때문인지를 검증하였다.

분석 결과, B/M(장부가치 대 시장가치비율), C/P(주당현금흐름 대 주가비율), E/P(주당이익 대 주가비율) 등 가치비율과 GS(매출액증가율)에서 공통적으로 확실한 추세를 발견했는데, 1968-1990년 기간 동안 B/M, C/P, E/P등 가치비율이 높고 GS비율이 낮은 가치주식들로 구성된 가치주포트폴리오의 수익률이 가치비율이 낮고 GS비율이 높은 성장주식들로 구성된 성장주포트폴리오의 수익률보다 더 높게 나타났다고 하였다.

포트폴리오 구성방법에 있어서 가치비율들 중에서 1개 변수를 기준으로 구성한 가치주포트폴리오와 성장주포트폴리오 간의 수익률 차이분석 결과에서 가치비율이 C/P일 때 수익률 차이가 11.4%로 가장 높게 나타났고, 2개 변수들의 조합으로 포트폴리오를 구성한 수익률 차이 분석에서는 가치비율이 E/P와 GS를 사용했을 때 수익률 차이가 11.2%로 가장 큰 것으로 나타났다고 하였다.

또한 NYSE & AMEX에서 기업규모가 큰 상위 50%와 20% 표본만을 대상으로 실시한 포트폴리오들 간의 수익률 차이 분석에서도 그 차이는 약간 줄어들었으나 모두 가치투자전략이 우월하게 나타났다고 하였다.

LSV는 이처럼 가치프리미엄이 존재하는 이유로 시장참여자들이 과거에 성과가 좋았던 성장주식들이 미래에도 지속적으로 성

문헌들을 종합적으로 살펴볼 때 가치투자(value investment)라고 부르는 것이 다른 문헌연구결과들과 착오가 없을 것 같아 이 책에서도 가치주투자라고 명명하였다.

장하리라고 지나치게 과대평가(overestimate)하기 때문이라고 설명하고 있다. 아울러 가치주포트폴리오가 성장주포트폴리오보다 위험이 더 높은지를 분석하였는데 전자가 후자에 비해서 위험이 약간 더 높게는 나타났으나 아주 작은 위험의 차이가 아주 큰 수익률의 차이를 설명할 수 없다고 하였다.

또 다른 이유로서 가치주포트폴리오가 성장주포트폴리오보다 위험이 더 높기 때문이 아니라 개인투자자들이 단순투자전략(naive investment strategy)을 구사하거나 성장주식을 선호하는 '비합리적인 투자행동'을 보이기 때문이라고 설명하였다. 그 증거로써 만일 가치주포트폴리오가 더 위험하다면 가치주식들은 성장주식들보다 더 낮은 수익률을 올려야만 하지만 검증결과 가치주식들의 수익률이 성장주식들보다 낮았을 경우의 빈도나 베타(β)를 살펴보아도 별 차이가 나타나지 않아 그러한 증거는 전혀 발견할 수 없었다고 하였다.

결론적으로 LSV는 가치주식들이 '위험대비수익'에 있어서 저평가되어 있으며, 이러한 가치주식들을 매입하는 가치투자전략을 구사함으로써 시장수익률을 초과하는 투자성과를 달성할 수 있다고 하였다.

그러나 LSV의 연구는 포트폴리오를 구성하는 과정에서 1개 또는 2개의 변수를 통제하여 여러 개의 포트폴리오를 구성하였는데 가치비율이나 매출액증가율 이외에 기업규모나, 과거성과등 주요 기업특성변수들을 적절하게 통제하지 못하여 가치주포트폴리오와 성장주포트폴리오 간의 높은 수익률의 차이가 순수하게 가치프리미엄 효과 때문인지, 기업규모효과 때문인지를 명확하게 제시하지 못하고 있다.

La Porta(1996)[23]는 주식시장 애널리스트의 예측자료(survey data)를 이용하여 가치주식이 성장주식보다 높은 수익률을 나타내는 이유가 가치주식이 성장주식보다 더 위험하기 때문인지 아니면 주식 투자자들의 극단적인 기대오류(extreme expectation error) 때문인지를 검증하였는데 이는 LSV(1994)에서 이루어진 검증가설과 유사하다.

분석 결과, 검증기간 동안에 측정된 10개 포트폴리오에 대한 기대성장률 E(g)의 추세는 [최저 E(g)포트폴리오, 최고 E(g)포트폴리오]의 수치가 각각 [2.3%, 26%]으로 나타나 구성기간과 검증기간 동안의 E(g)의 추세가 일치하였다. 그리고 B/P와 E/P 측정치는 검증기간 동안 E(g)가 증가할수록 감소하는 추세를 보였는데, [최저 E(g)포트폴리오, 최고 E(g)포트폴리오]의 수치가 각각 [1.071, 0.699], [0.088, -0.001]로 나타나 구성기간과 검증기간의 추세가 일치하였다고 하였다.

또한 검증기간 동안 10개 포트폴리오의 수익률을 측정한 결과 [최저 E(g)포트폴리오, 최고 E(g)포트폴리오]의 수치가 각각 [29.5%, 8.6%]으로 나타나 투자자들이 성장주식에 대해 지나치게 과대평가 한다는 '극단적 기대가설'이 맞는다고 주장하였다. 이 같은 결과는 규모조정 수익률(size adjusted return)을 측정하였을 때 각각 [8.8%, -11.3%]으로 나타났고, 최고 E(g) 혹은 최저 E(g)의 주식들에 대한 SIC Code별 규모조정 평균수익률을 나타낸 도표에서도 성장주식들은 대부분 음(-)의 수익률을 나타난 반면에 가치주식들은 대부분 양(+)의 수익률을 나타낸 것

---

23) La Porta, Expectations and the Cross-Section of Stock Returns, *Journal of Finance 51(No.5)*, 1996, pp.1715-1742.

을 볼 때 극단적 기대가설이 맞는다고 주장하였다.

그리고 투자자들이 이처럼 극단적인 기대(extreme expectation)
를 하게 되는 원인이 투자판단을 내릴 때 성장주식들에 대해서
지나치게 과거성과만을 기준으로 판단하기 때문인지도 검증하였
다. 이를 위해『성장주식의 수익률이 일시적인 패자주식24)보다 낮
고, 가치주식의 수익률이 일시적인 승자주식25)보다 높다』라는 외
삽가설(extrapolation hypothesis)을 세웠다. 그리고 ① 과거 5년
간 평균수익률 ② 애널리스트들의 이익성장률의 기대치 ③ 이익
발표공시일 전후의 초과수익률 등 3가지 성과측면에서 low E(g)
일 때 가치주식 대 일시적인 승자주식(=최저 E(g) & 최고 WGS
주식) 그리고 최고 E(g)일 때 일시적인 패자주식(=최고 E(g) &
최저 WGS주식) 대 성장주식 간의 성과를 비교하여 외삽가설을
검증하였다. 여기서 WGS란 가중평균매출액증가율을 의미한다.

외삽가설 검증결과를 정리하면 다음과 같다. 첫째, 과거 5년간 평
균수익률을 비교하면 가치주식(-4.5%)<일시적인 승자주식(4.3%)
으로 나타났고, 성장주식(5.2%)>일시적인 패자주식(-11%)으로 나
타났으며, 기업규모를 조정하여 평균수익률을 비교하면 가치주식
(6%)<일시적인 승자주식(9.6%), 성장주식(-2.7%)>일시적인 패자
주식(-9.3%)으로 나타나 기업규모를 조정하지 않았을 경우와 약간
다른 정도였으며 외삽가설을 지지하지 못한다고 하였다.

둘째, 애널리스트들이 이익성장률의 기대치를 조정(adjusting)하
는 크기 면에서는 가치주식의 이익성장률기대치가 4.519→5.619%
로 약 24% 정도 상승하였고, 일시적인 승자주식은 5.521→8.518%

---

24) 과거에 실적이 좋지 않았지만 미래에는 좋을 것으로 기대되는 주식.
25) 과거에 실적이 좋지 않았을 뿐만 아니라 미래에도 좋지 않을 것으로 기대되는
    주식.

로 약 54% 정도 상승하였다. 성장주식은 23.704→18.162%로 약 24% 정도 감소하였고, 일시적인 패자주식은 21.759→19.192%로 약 12% 정도 감소하였다고 하였다.

결국, 애널리스트들은 가치주식의 이익성장률기대치는 실제보다 높게, 성장주식의 이익성장률기대치는 실제보다 낮게 전망하고 있으며, 과거에는 실적이 좋지 않았지만 미래에는 좋아질 것으로 예상되는 일시적인 패자주식의 이익성장률기대치는 실제보다 낮게, 과거에 실적이 좋지 않았을 뿐만 아니라 미래에도 좋지 않을 것으로 예상되는 일시적인 승자주식의 이익성장률기대치는 실제보다 높게 전망하고 있는 것으로 분석되어 외삽가설을 지지하지 못한다고 하였다.

셋째, 이익발표공시일 당일 및 전과 후의 3일간의 초과수익률을 비교하면 가치주식(0.31%)>일시적인 승자주식(0.21%), 성장주식(0.06%)>일시적인 패자주식(-0.32%)으로 나타났다. 일시적인 승자주식(0.21%)과 일시적인 패자주식(-0.32%)의 수치는 비유의적으로 나타나 결국 가치주식에 대해서만 외삽가설이 지지된다고 하였다.

요약하면, 과거 5년간의 평균수익률과 애널리스트들의 이익성장률기대치의 조정크기를 이용한 검증에서는 외삽가설이 지지되지 않았으나 이익발표공시일 당일 및 전과 후의 3일간의 초과수익률을 이용한 비교에서는 가치주식에 대해서만 외삽가설이 지지되었다고 하였다.

마지막으로, La Porta는 가치주식의 우월한 투자성과가 위험(risk)에 대한 보상(compensation)때문인지를 검증하기 위해 기대성장률 E(g)를 기준으로 구성한 10개의 포트폴리오 그룹과 E(g)

와 WGS 등 두개의 변수로 구성한 9개 그룹에 대해서 가장 전형
적인 위험측정치인 표준편차와 베타(β)를 측정하였다.

분석 결과, 기대성장률 E(g)만으로 10개 포트폴리오를 구성했을
경우에는 최저 E(g)그룹(가치주그룹)의 표준편차와 베타가 각각
0.040, 0.537 그리고 최고 E(g)그룹(성장주그룹)은 각각 0.067, 1.15
로 나타났고, E(g)와 WGS 등 두개의 변수로 9개 포트폴리오를
구성했을 경우 가치주그룹(최저 E(g) & 최저 WGS그룹)의 표준
편차와 베타는 각각 0.043, 0.684 그리고 성장주그룹(=최고 E(g)
& 최고 WGS그룹)은 각각 0.065, 1.062로 나타남으로써 가치주식
이 성장주식보다 투자성과가 더 우월한 이유가 위험이 더 크기 때
문이 아님을 증명하였다.

La Porta는 이 같은 연구결과를 바탕으로 기대성장률이 낮은
(=최저 E(g)) 가치주식을 매입하고 기대성장률이 높은(=최고
E(g)) 성장주식을 매도하면 반드시 초과수익률을 올릴 수 있다
고 하였다.

La Porta-Lakonishok-Shleifer-Vishny(1997)[26]는 가치주식이
성장주식보다 투자성과가 우월한 이유가 투자자들의 극단적인 기
대오류 때문이라는 기대오류가설(expectation error hypothesis)을
검증하였다.

분석 결과, 이익공시일 전후 수익률 분석 결과에서 가치주식의
수익률이 성장주식들보다 더 크게 나타났는데 이는 가치주식과 성
장주식간 수익률 차이의 중요한 부분이 가치주식에 긍정적으로

---

26) La Porta, Josef Lakonishok, Andrei Shleifer, Robert Vishny Good News for
    Value stocks: Further Evidence on Market Efficiency, *Journal of Finance 52*,
    1997, pp.859-874.

(positive) 작용하는 "정(＋)의 이익충격(positive earning surprise)"
이 존재하기 때문이라고 하였다. 이것은 수익률 차이를 위험에 근거
하여 설명하려는 입장(risk-based hypothesis)과 정면으로 상치되는
것이며, 투자자들이 성장주식들의 미래이익전망에 대하여 지나친
기대를 하고 있다는 극단적인 기대오류가 가치주식들의 우월한 투
자 수익률에 큰 영향을 미치게 된 것이라고 하였다.

또한 NYSE에 상장된 모든 기업들의 시장가치(MV)를 정렬한
후 중앙값(median)이상의 대형우량주식만을 표본대상으로 하여
실시된 추가분석에서는 가치주식들과 성장주식들 간의 수익률
차이는 다소 줄어들었다. 그 이유로 이들은 대기업의 경우 가격
정보가 사전에 시장에 상당부분 이미 반영되기 때문이라고 주장
하고 있다. 하지만 이것이 가치주식과 성장주식 간의 수익률 차
이를 모두 설명해주지는 못한다고 하였다.

그리고 가치주식과 성장주식 간의 수익률 차이의 일부분은 투
자자들의 비합리적인 행위적 요인(behavioral factors)에 기인한
다고 주장하고 있다. 즉, 단순투자자(naive investor)들은 주식가
격과 무관하게 이익을 많이 내는 기업이나 혹은 대형기업을 위
험이 낮고 좋은 투자안(good investment)으로 간주하는 경향이
높으며, 전문 기관투자자(sophisticated investor)들도 또한 투자
성과평가에 유리하고 고객이나 회사의 상사를 상대하기에 편리
한 대형주식(성장주식)에 보다 많이 투자하려는 경향이 높기 때
문이라고 하였다.

그러나 이 연구 역시 주식의 가격정보만을 기준으로 포트폴리오
를 구성하여 포트폴리오들 간의 수익률의 차이를 검증하고 있기
때문에 수익률의 차이가 과거 주식가격정보로부터만 유발된 것인

지, 아니면 기업규모효과 때문인지 아니면 가치프리미엄 효과 때
문인지 아니면 1월 효과 때문인지를 규명하는데 실패하였다.

Dechow-Sloan(1997)[27]는 1994년 Lakonishok-Shleifer-Vishny
가 제시한 단순투자자 기대오류가설(naive expectation error
hypothesis)이 가치투자전략의 우월한 투자성과를 잘 설명할 수
있는가를 검증하였다. 이를 위해 B/M, E/P, C/P와 가중평균과거
이익성장률, 가중평균과거 SPS성장률, 가중평균과거 EPS성장률,
애널리스트들의 미래 EPS성장률 예측치 등을 기준으로 10개의
균등포트폴리오를 구성하여 정말 가치주(포트폴리오)가 저성장
을 나타내고 성장주(포트폴리오)는 고성장을 나타내는가를 확인
하기 위해 포트폴리오 구성 후 10개 포트폴리오에 대해서 구성
후 1년간 수익률과 5년간 수익률 그리고 매출액증가율, 미래
SPS성장률, 미래 EPS성장률을 측정하였다[28].

분석 결과, LSV(1994)의 주장과는 달리 단순투자자들(naive
investors)이 기업의 과거이익성장률이나 혹은 매출액성장률이
미래에도 계속될 것이라고 외삽하고 미래투자결정을 내린다는
외삽가설을 지지하는 어떠한 증거도 발견되지 않았다고 하였다.
그 이유는 실제기업들의 재무제표자료에 근거한 실증 분석 결과,
그 반대로 나타났기 때문이다. 즉, 가치주식으로 구성된 가치주
포트폴리오의 경우 과거매출액성장률보다 미래매출액성장률이
더 높아지는 것으로 나타난 반면에, 성장주포트폴리오의 경우는

---

27) Patricia M. Dechow, Richard G. Sloan, Returns to Contrarian investment
   strategies: Tests of naive expectations hypotheses, *Journal of Financial
   Economics 43*, 1997, pp.3-27.
28) 여기서 SPS(sales per shares)란 주당매출액을 의미하며, EPS(earings
   per shares)는 주당이익을 의미한다.

과거 매출액성장률보다 미래 EPS성장률이 더 낮아지는 것으로 나타났다고 하였다.

또한, 애널리스트들의 예측치 자료에 근거한 실증 분석 결과에서는 B/M과 C/P를 기준으로 균등포트폴리오를 구성할 경우에는 가치주식들에 대한 애널리스트의 EPS성장률 예측치와 실제 EPS성장률 간의 차이는 성장주식들에 대한 애널리스트들의 EPS성장률 예측치와 실제EPS성장률 간의 차이보다 더 크게 나타났다. 이것이 의미하는 바는 애널리스트들은 성장주식보다는 오히려 가치주식들의 미래성장률을 더 높게 예측하고 있다는 점이다. 이 결과도 외삽가설이 예상하고 있는 방향과 반대이다.

그러나 개별기업의 미래 1년간 또는 5년간 매입보유수익률을 피설명변수로 두고, 개별기업의 B/M과 E/P, C/P 그리고 개별기업에 대한 애널리스트들의 EPS성장률 예측치 등을 설명변수로 놓고 분석한 다중회귀분석 결과, 이러한 설명변수들은 매입보유 시장 초과수익률에 유의적으로 나타났으며, 그중에서 애널리스트들의 EPS성장률 예측치 변수가 모형의 총설명력에서 차지하는 비중이 54.7%~88.2%로 나타났기 때문에 비록 미래 EPS성장률에 대한 애널리스트들의 예측에 체계적인 편의(systematic bias)가 존재한다고 할지라도 단순투자자들이 애널리스트들이 제공하는 미래 EPS성장률이나 매출액성장률에 대한 예측치에 단순히 의존하여 투자하는 것만으로도 가치투자 수익률의 50% 이상은 달성할 수 있다고 하였다.

Fama-French(1998)[29]는 1992, 1993, 1995, 1996년에서 발견한

---

29) Eugene F. Fama and Kenneth R. French, Value versus Growth: The International Evidence, *Journal of finance 53(No.6)*, 1998, pp.1975-1999.

가치프리미엄 효과(value premium effect)가 미국 내 주식시장에
만 국한된 결과이며, 과거의 특정기간에 나타났던 일시적인 현상
에 불과하다는 주위의 강력한 비판에 부딪혀 전 세계 주식시장으
로 분석범위를 확대하여 폭넓은 실증 분석을 실시하였다. 이들은
미국 내에서 존재한다는 가치프리미엄이 다른 나라에서도 존재하
는지 그리고 만일 존재한다고 한다면 미국의 주식수익률을 설명
하는 시장모형을 이용하여 똑같이 설명가능한지를 분석하였다.

　이들은 전 세계 13개 국가들을 대상으로 측정한 B/M(장부가
대 시장가치비율), E/P(주당이익 대 주가비율), C/P(주당현금흐
름 대 주가비율), D/P(주당배당액 대 주가비율)별로 가치포트폴
리오와 성장포트폴리오에 대한 T-bill수익률(미국 단기 재무성채
권 수익률)을 초과하는 '연간초과수익률'을 측정하였다.

　분석 결과, H-LB/M(즉, B/M 크기로 가치주포트폴리오와 성
장주포트폴리오를 구성한 후 두 포트폴리오 수익률 간의 차이)
이 7.68%, H-LE/P가 6.82%, H-LC/P가 7.61%, H-LD/P가
5.56%로 각각 나타나 세계시장에서도 B/P, E/P, C/P, D/P 등
모든 가치프리미엄이 존재한다는 것을 증명하였다.

　또한 HB/M(B/M 크기가 큰 가치주포트폴리오), LB/M(B/M 크
기가 작은 성장주포트폴리오), HE/P, LE/P, HC/P, LC/P, HD/P,
LD/P의 수익률이 글로벌시장포트폴리오 수익률(9.6%)을 초과하
는 시장 초과수익률의 크기를 측정한 결과, HB/M은 5.16%,
LB/M은 -2.52%, HE/P는 4.06%, LE/P는 -2.76%, HC/P는
3.89%, LC/P는 -3.72%, HD/P는 3.07%, LD/P는 -2.49%로 나타
났고 t검정결과에서도 모든 수치가 유의적인 것으로 나타났다고
하였다.

상기의 분석 결과를 통하여 네 가지 가치비율 중에서도 B/P의 프리미엄효과가 가장 크다는 것을 발견할 수 있다. 또한 모든 가치변수에서 가치주포트폴리오는 양(＋)의 값, 성장주포트폴리오는 음(－)의 값을 나타냈는데 이는 곧 세계시장에서도 가치프리미엄이 존재한다는 것을 의미하며, 성장투자전략보다는 가치투자전략이 유효한 전략임을 의미한다고 하였다.

그리고 13개 각 국가별로 HB/M, LB/M, H-LB/P, HE/P, LE/P, H-LE/P, HC/P, LC/P, H-LC/P, HD/P, LD/P, H- LD/P의 값과 각각의 t값을 측정하여 그 크기들을 비교해본 결과, 미국의 수치만 특별히 큰 것이 아니라 다른 나라들의 수치가 큰 경우도 상당수 많은 것으로 나타났다. 즉, 이것은 가치프리미엄이 미국 내에서만 지배적으로 나타나는 현상이 아니라 세계적인 추세인 것을 의미한다고 하였다.

요약하면, 이들은 분석대상 13개 국가들 중에서 12개 국가의 주식시장에서 가치주식들이 성장주식들보다 지속적으로 높은 투자 수익률을 보이고 있는 주가반전현상(reversals)이 나타났으며, 미국뿐만 아니라 다른 나라에서도 가치프리미엄이 존재하고 그 중에서도 B/P의 효과가 가장 크다는 것을 증명하였다.

가치주식들이 성장주식들의 투자 수익률을 초과하는 정도도 연평균 7.68% 정도로서 매우 높은 값을 보여주었는데, 이러한 차이는 국제*CAPM*으로는 도저히 설명될 수 없는 매우 큰 값이라고 강력히 주장하고 있다. 그러나 이 연구는 기치비율 1개씩만을 기준으로 가치주포트폴리오와 성장주포트폴리오를 구성했다는 점에서 기업규모나 과거 주식 투자 수익률 같은 주요 기업특성을 고려하지 못한 한계점을 갖고 있다. 따라서 가치주와 성장

주포트폴리오 간의 차익수익률이 가치프리미엄의 효과만이라고
는 볼 수가 없다.

 Liew-Vassalou(2000)[30]는 Fama-French(1998)가 세계주식시장
을 분석대상으로 발견한 가치프리미엄과 Rouwenhorst(1998)가
발견한 국제모멘텀효과 그리고 Hawawini & Keim(1995) 등이
유럽시장과 일본시장에서 발견한 기업규모효과 등을 제시하면서,
이들 연구에서 나타난 각각의 효과(effect)들을 HML, SMB,
WML 변수로 각각 재정의 한 뒤 이 3개의 변수들이 미래국내총
생산의 성장률(future Gross Domestic Product(GDP) growth)을
예측하는데 있어서 어떠한 역할을 하고 있는가를 검증하였다.
 그동안 수익률에 나타난 위 3개 설명변수에서 나타난 이례현상
과 거시경제적 위험요인(국내총생산의 성장률) 간의 관계에 관한
연구가 없었다는 점에서 이 연구는 큰 의의가 있다고 여겨진다.
 이를 위해 이들은 호주, 캐나다, 프랑스, 독일, 이탈리아, 일본,
네덜란드, 스위스, 영국, 미국 등 모두 10개국 자료를 이용하여 분
석하였다. 먼저 10개국에 대해서 HML, SMB, WML 등 각 요인에
대한 수익률 자료를 계산하였는데, 각 요인들의 의미를 설명하면
HML(high-low)은 나머지 두 요인인 SMB와 WML을 통제할 때,
고B/M포트폴리오를 매입하고 저B/M포트폴리오를 매도하는 차익
포트폴리오의 수익률을 의미하며, SMB(small-big)은 소규모포트
폴리오를 매입하고 대규모포트폴리오를 매도하는 차익포트폴리오
수익률을 의미하며, WML(W-L)은 승자포트폴리오를 매입하고

---

30) Jimmy Liew, Maria Vassalou, Can book-to-market, size and Momentum be
 risk factors that predict economic growth? *Journal of Financial Economics*
 57, 2000, pp.221-245.

패자포트폴리오를 매도하는 차익포트폴리오 수익률을 의미한다.

분석 결과, HML과 SMB요인은 미래 국내총생산의 성장률을 예측하는데 통계적으로 유의하게 나타났다. 또한 HML과 SMB 요인이 가지고 있는 정보는 시장요인(R_m-R_f)이 가진 정보와는 매우 독립적인 정보라고 하였다.

그리고 경기주기별(good or bad state)로 실시한 회귀분석 결과 HML과 SMB변수는 매우 유의적으로 나타났으며 시장요인이 모형에 포함되더라도 그 유의성이 그대로 유지되었다고 하였다. 다만 지속효과(momentum effect)를 의미하는 WML변수는 비유의적인 것으로 나타났다고 하였다.

결론적으로 이들은 HML과 SMB변수가 위험요인(risk factor)으로서 역할을 수행하고 있다고 주장하면서 위험요인에 기초한 가설(risk-based hypothesis)을 지지한다고 하였다. 그러나 평균 주식수익률에 대한 지속현상을 검증하는 WML요인은 대부분의 국가에서 통계적으로 유의적이지 못하여 지속현상효과는 존재하지 않았다고 하였다.

그러나 이 연구는 HML, SMB, WML 변수가 미래 국내총생산의 성장률에 미치는 영향을 분석하고는 있으나 이러한 변수들이 역투자전략이나 계속투자전략 그리고 가치투자전략이나 성장주투자전략 그리고 소기업투자전략이나 대기업투자전략의 수익률에 어떠한 영향을 미치는지에 대해서는 직접적으로 분석하지 못하였다. 다만 미래 국내총생산의 성장률에 유의적으로 영향을 미치는 HML과 SMB 변수는 투자전략의 수익률에도 프리미엄 효과가 존재할 것으로 예상되는 반면에 WML 변수는 비유의적일 것으로 예상된다고 간접적으로 추정할 수 있을 뿐이다.

2) 국내연구

송영출(1999)[31]은 기업규모(ME, 시장가치)와 가치비율(BE/ME, 장부가치 대 시장가치비율)등 두 변수가 한국 주식시장에서 존재하는 주식수익률의 횡단면적 차이를 설명할 수 있는 능력이 있는지, 또한 그 수익률의 횡단면적 차이가 어떤 특이치의 영향을 받은 것은 아닌지를 검증하였다. 특히 분석대상의 단위를 '포트폴리오'로 설정하지 않고 '개별기업'으로 설정하였고 횡단면분석에서 베타(β)를 설명변수로 고려하지 않은 것이 특징이다. 또한 회귀분석 결과에서 잔차(residual)가 큰 특이치들이 회귀계수에 미치는 영향을 분석하기 위해 전체표본 중에서 잔차가 큰 1%, 5%, 25% 표본을 분석에서 단계적으로 소거해나가면서 실증분석을 하였다. 분석데이타는 1988.4~1995.12까지이며 금융업을 제외한 제조업 상장종목만을 대상으로 하였다.

분석결과, 가치비율(BE/ME)은 통계적으로 유의적인 양수(+)를 나타낸 반면에 기업규모변수(ME)는 비유의적인 음(−)으로 나타나 가치비율만이 수익률의 횡단면적 차이를 설명하는 유의적인 변수라고 주장하였다. 특히, 가치비율 변수는 특이치를 소거한 후에도 지속적으로 유의한 상태를 보여주었다고 하였다. 또한 이러한 가치비율의 유의성이 혹시 1월효과 때문은 아닌지를 검증하기 위해 1월 달의 회귀계수와 나머지 달의 회귀계수를 비교해본 결과, 1월효과는 전혀 발견되지 않았다고 하였다. 그러나 회귀계수가 특별히 큰 몇 개의 특이시점을 제외할 경우에 놀랍

---

31) 송영출, 규모와 가치비율의 수익률 차이 설명력에 대한 연구, *증권학회지 제 24집*, 1999, pp.83-99.

게도 가치비율의 효과가 완전히 사라졌다고 주장하였다.

이 연구를 통하여 투자전략의 연구시 BE/ME의 가치프리미엄 효과의 존재를 예상할 수는 있겠지만 실증적인 문제이다. 또한 기업규모변수가 비록 비유의적인 부(−)로 나타났지만 투자전략의 연구시 중요한 통제변수로 역할을 못한다고 단정할 수도 없다.

김성표·윤영섭(1999)[32]은 한국 주식시장에 존재하는 주식수익률의 횡단면적 차이에 대한 유의적인 설명력을 가지는 것으로 나타난 B/M비율등과 같은 기본적 변수(fundamental variables)가 시장지수의 베타에 의해서는 전혀 측정되지 않는 또다른 가격화된 위험대용치로서 그 역할을 하는지를 규명하였다.

분석결과, 기본적 변수들 중에서 기업규모와 B/M비율은 주식수익률의 횡단면적 차이를 설명하는데 있어서 독립적인 효과를 가지는 가장 유의적인 변수임을 보여주었다. 또한 주식수익률의 횡단면적 차이에 매우 유의적인 설명력을 가지는 것으로 나타난 거시경제요인의 요인민감도는 기업규모, B/M비율을 포함할 경우에는 더이상 유의적인 설명력을 가지지 못했다고 하였다. 그리고 소규모이면서 높은 B/M비율을 갖는 기업들은 매우 지속적인 수익성 악화를 겪고 있는 곤경기업(distressed firm)들이었으며, 역시 배당감소위험, 레버리지 위험 및 미래 현금흐름의 불확실성으로 측정된 기업특성적 위험이 보다 큰 곤경기업이었다고 하였다.

따라서 이러한 실증결과는 소규모이면서 높은 B/M을 가진 주식(가치주식)이 대규모이면서 낮은 B/M을 가진 주식(성장주식)에

---

32) 김성표와 윤영섭, 기본적 변수, 거시경제요인, 기업특성적 위험과 주식수익률, *재무관리연구 16권 제2호*, 1999, pp.179-213.

비하여 더 높은 투자수익률을 보이는 원인이 전자가 후자보다 위험(risk)이 더 크기 때문에 주어지는 보상(compensation)의 결과이며, 기업규모변수와 B/M비율은 이들 위험에 대한 유용한 대용치(proxy)라는 "위험에 기초한 가설(risk-based hypothesis)"을 적극 지지하는 증거로 추정된다고 주장하였다.

또한 이들은 기업규모와 B/M비율이 주식의 가격결정식에서 시장베타로는 전혀 측정되지 않는 또다른 위험요인이 된다고 하면서, 기업규모효과, B/M효과는 합리적인 가격결정 하에서 APT나 ICAPM과 같은 확장된 CAPM과 결코 모순되지 않는 하나의 증거라고 하였다. 이들은 이처럼 여러 위험요인들을 포함하고 있는 다요인가격결정모델(multi-factor pricing model)이 오로지 시장지수 한 개만을 포함하고 있는 단일요인모델(single factor model)보다 더 유용한 모형이라고 주장하였다.

그러나 이 연구는 소규모이면서 고B/M인 가치주식이 대규모이면서 저B/M주식인 성장주식에 비해 높은 수익률을 보여주었다는 점에서 성장주투자전략보다는 가치투자전략이 유효한 전략임을 시사하고 있지만, 그러한 수익률의 횡단면적 차이가 오직 B/M과 기업규모에 의한 영향에 의해서만 발생한 것인지 아니면 과거성과의 차이 때문인지를 분명히 규명하지 못하고 있다.

감형규(1999)[33]는 B/M(장부가 대 시장가치비율), E/P(주당이익 대 주가비율), C/P(주당현금흐름 대 주가비율), S/P(주당매출액 대 주가비율) 등 가치비율의 수치가 높은 가치주식을 매입하

---

33) 감형규, 한국주식시장에서의 역행투자성과에 관한 실증적 연구, *재무관리연구 제16권 제2호*, 1999, pp.157-178.

는 가치투자전략의 투자성과가 반대로 B/M, E/P, C/P, S/P의 비율이 낮은 성장주식을 매입하는 성장주투자전략보다 왜 더 높게 나타나는지 그 원인을 검증하였다.

분석결과, 가치주식과 성장주식간의 투자수익률의 차이는 모든 포트폴리오에서 상당히 큰 것으로 나타났다. 회귀분석 결과, 기본적 변수들[34] 중에서 B/M변수는 가장 유의적인 것으로 나타났고, 그다음 기업규모(SIZE) 변수가 수익률 차이에 유의적인 영향을 미치는 것으로 나타났다. 또한 가치주식과 성장주식간의 수익률 차이에 대한 t검정결과, B/M, C/P, (B/M+C/P), (B/M+S/P), (C/P+S/P) 등 1개 변수 혹은 2개 변수에 의해 포트폴리오를 구성하여 포트폴리오들의 수익률을 측정한 후 가치주포트폴리오와 성장주포트폴리오간에 나타나는 수익률의 차이가 상당히 크고 유의적이었던 반면에, E/P의 경우는 수익률 차이의 크기가 상대적으로 작고 유의성도 비교적 약하게 나타났다.

이들의 연구를 요약하면, 가치주식에 투자하는 가치투자전략의 성과는 지속적으로 크게 나타나며 통계적으로도 매우 유의적으로 나타났다. 그런데 가치주의 위험이 성장주에 비하여 상대적으로 더 높게 나타나고는 있지만 그 위험차이만으로는 가치주식과 성장주식간에 나타나는 높은 수익률 차이를 모두 설명할 수는 없다고 하였다. 이러한 결과는 LSV(1994)의 결과와 일치한다.

그러나 이 연구 역시 네 가지 가치비율 중에서 1개 또는 2개를 이용하여 가치주포트폴리오와 성장주포트폴리오를 구성하여 그 수익률의 차이를 검증하고 있는데, 그 수익률 차이의 원천이

---

34) 이 연구에서는 B/M, E/P, C/P, S/P, 기업규모를 기본적 변수로 사용하고 있다.

1개 또는 2개의 가치비율의 효과 때문인지 아니면 과거성과나 기업규모 혹은 기타효과(즉, 1월 효과나 계절효과)에 기인한 것인지에 대한 분명한 설명이 없다.

김석진－김지영(2000)[35]는 한국 주식시장에서 기업규모효과 혹은 BE/ME(장부가대시가비율)효과가 존재하는지를 살펴보고, Fama-French의 3요인 모형이 한국 주식시장에서도 과연 유용한가를 검증하였다. 이들은 표본을 크게 4가지 유형으로 세분하여 분석하였다.
표본A는 8년 동안 계속 상장된 452개 기업을 포함하고 있는데 신규상장편의와 생존편의에 모두 노출되어 있다. 표본B는 표본A에 신규상장기업만을 더 포함시킨 558개 기업을 포함하고 있는데 생존편의에 노출되어 있다. 표본C는 표본A에 상장폐지기업만을 더 포함시킨 494개 기업을 포함하고 있는데 신규상장편의에 노출되어 있다. 표본D는 표본A에 신규상장기업과 상장폐지기업 모두를 더 포함시킨 600개 기업을 포함하고 있는데 모든 편의에 영향을 받지 않는다. 그리고 표본기업들을 기업규모와 B/M별로 각각 5개의 그룹으로 분류하여 총 25개의 그룹포트폴리오를 구성하고 있다.
분석결과, 횡단면회귀분석에서 기업규모(SIZE)는 표본A와 C에서 유의적인 부(－)를 나타냈으나, 표본B와 D에서는 비유의적이었다. 즉, 기업규모효과가 존재하였으며 기업규모효과는 '생존편의'의 영향은 받지 않았지만 기업규모효과가 사라질 정도로 '신규상장편의'에 크게 영향을 받는다고 주장하였다. 반면 BE/ME는 모든 표본에서 유의적인 정(＋)의 값을 가져 신규상장편의나

---

35) 김석진, 김지영, 기업규모와 장부가/시가 비율과 주식수익률의 관계, *재무연구지 제13권 제2호*, 2000, pp.21-41.

생존편의에 대해 강건한 BE/ME효과가 존재한다고 주장하였다. 특히 BE/ME효과가 두드러지게 나타난 표본은 표본D였으며 β 의 회귀계수는 일반적인 *CAPM*과는 달리 비유의적인 부($-$)의 값을 보여주었다고 보고하고 있다.

또한 시계열분석 결과에서 시장요인 ($R_{mt} - R_{ft}$), 기업규모효과요인 (*SMB*), BE/ME효과요인 (*HML*)이 모두 주식수익률을 설명하는 유의적인 변수인 것으로 나타나 Fama-French의 3요인 모형이 국내 주식가격을 결정하는데 있어서도 상당히 유용하다고 하였다. 3요인 모형의 유의성 정도는 BE/ME효과의 경우에 '신규상장편의'에 의해 다소 영향을 받는 것으로 나타났으나 '생존편의'는 무시해도 될 수준이라고 하였다.

그러나 이 연구를 통하여 주식수익률에 있어서 BE/ME와 기업규모효과가 존재하는 것을 알 수는 있지만 투자전략의 수익성분석에서도 그러한 효과가 존재할 것인지에 대해서는 실증분석을 해봐야 알 수 있는 문제다. 하지만 BE/ME 변수의 경우 표본에 관계없이 항상 안정적으로 통계적인 유의성을 유지했다는 점에서 큰 의의를 가진다.

김규영과 김영빈(2001)[36]은 기대수익률의 결정요인을 모색하기 위해 횡단면회귀분석, 시계열분석, 비모수검정까지 모두 실시하였다. 분석기간은 1980. 5~1997. 4까지이며 주가자료와 회계자료를 이용하였다.

분석결과, Fama-MacBeth(1973) 횡단면 회귀분석방법을 사용

---

36) 김규영과 김영빈, 한국 주식시장에서 기대수익률의 결정요인은 무엇인가? *증권학회지 제28집*, 2001, pp.57-84.

한 분석에서는 포트폴리오를 기업규모(Size)와 베타(β)를 기준으로 총 15개를 구성하였다. 기업규모변수와 B/M변수가 주식의 기대수익률을 결정하는 유의적인 요인으로 판명되었다. 특히, 베타는 유의적인 변수가 아닌 것으로 나타났다.

또한 기업특성과 관련된 위험프리미엄을 측정한 분석에서는 기업규모, B/M변수 2개를 기준으로 12개의 포트폴리오를 구성하였다. 이것은 Fama-French(1993)방법을 그대로 따른 것이다. 3개의 모형을 구성하여 분석한 결과 시장위험, 기업규모와 관련된 위험 그리고 부분적으로 B/M 변수와 관련된 위험이 주가에 영향을 미치는 것으로 나타났다.

그리고 기대수익률과 기업특성간의 관계에 대한 비모수검증 결과, 기업특성과 평균수익률이 일관성 있는 관계를 갖는 변수는 기업규모 변수와 B/M변수였다. 결론적으로, 이들은 기업규모 변수와 B/M변수는 한국 주식시장에서 주식의 기대수익률을 결정하는데 유용한 기업특성변수라고 주장하였다.

장영광－김종택(2003)[37]은 한국주식시장에서 B/M, E/P, C/P, S/P 등 가치비율이 높은 가치주식에 가치프리미엄(value premium)이 존재하는지를 확인하고, 가치주의 투자성과가 우월한 원천으로서 재무 건전도(financial soundness)의 역할을 실증 분석 하였다. 1980-2001년 기간의 거래소의 비금융기업 표본을 대상으로 실시한 분석 결과에 의하면 B/M(장부가치 대 시장가치비율), C/P(현금흐름 대 주가비율)에 있어서 높은 가치프리미엄이 존재한다고 주장

---

37) 장영광, 김종택, 한국주식시장에서 가치투자전략의 투자성과와 그 원천, *2003년도 제1차 한국증권학회 정기 학술발표회 발표논문집*, 2003. 2, pp.171-214.

하였다.

이들은 이러한 가치프리미엄이 발생하는 이유로, 미국 주식시장을 대상으로 한 Lakonishok-Shleifer-Vishny(1994)의 연구가 기대성장률과 실제성장률과의 비교를 통하여 기대오류가설을 실증하고는 있지만 초과수익을 가져올 수 있는 원천적·직접적 요인들과 연계시키지 못했다고 지적하면서, 가치주와 성장주간의 성과차이를 기업의 경제적 실상을 직접적으로 표징하는 재무건전도수준(financial soundness level) 변수와 연계시켜 분석하였다.

분석결과, 재무건전도수준 변수 단독으로 사용될 때는 가치투자전략의 투자성과와는 무관한 것으로 보였지만 이 변수가 B/P, E/P, C/P, S/P 등 다른 가치비율과 함께 사용되어 2차원 포트폴리오를 구성한 후 수립된 가치투자전략의 성과를 분석해보면 가치비율이 높은 가치주 중에서도 재무건전도가 최우량기업군이 과소평가(underestimate)의 정도가 가장 높게 나타났으며, 반대로 가치비율이 가장 낮은 성장주 중에서도 재무건전도가 최불량기업군이 과대평가(overestimate)의 정도가 가장 높은 것으로 나타났다고 하였다. 따라서 이러한 정보를 이용한 차익거래전략(가치투자전략)을 구사할 경우에는 1차 년도에 연 27.9 %의 높은 시장초과수익을 기록할 수 있기 때문에, 단순하게 B/M등 가치비율 기준의 차익거래전략을 사용하는 것보다 월등히 높은 투자성과를 달성할 수 있다고 주장하였다.

이 같은 가치비율과 재무건전도수준을 동시에 고려한 가치투자전략은 IMF 이전기간에는 보유기간이 장기일수록 유리하게 작용한 반면에, IMF 이후 기간에는 그 유효성이 단기화 되는 것을 보여주었다. 그리고 가치주 또는 가치우량주일수록 오히려 투

자위험(β로 측정함)이 낮은 것으로 나타나 가치프리미엄의 원천
이 가치주의 높은 위험 때문이 아니라고 하였고, 주식가격이 기
업의 경제적 실상을 나타내는 기업의 재무건전도수준에 비하여
과대 혹은 과소 반영되는 정도에 따라 주가에 나타내는 가격결
정오류(mispricing)에 때문이라고 주장하였다.

그러나 기업구분변수로 사용한 재무적건전도수준 변수를 투하
자본회전율, 매출액영업이익률, 이자보상배율 등 이 세 가지비율
들의 표준화된 값의 합으로 측정하여 사용하였는데, 과연 이 재
무건전도수준 변수가 기업의 재무상태를 얼마나 잘 반영하느냐
에 따라 가치투자전략의 성과가 달라진다고 볼 수가 있다.

다음 <표 2-2>는 가치투자전략과 성장주투자전략에 관한 국
내외 주요 선행연구들의 연구 설계를 비교 정리한 것이다.

\<표 2-2\> 가치주/성장주투자전략 문헌들의 연구설계 비교[38]

연구	수익률	분석기간	가치비율 변수	벤치마크 수익률	보유기간 투자성과 측정	결론
CHL(1991)	월별	1972-1988	E/P, C/P, 규모 BE/ME,	–	포트폴리오 수익률	가치프리 미엄 존재
FF(1992)	월별	1963. 7-1990. 12	B/P, E/P, Ln(size)	–	산술평균 수익률	가치프리 미엄 존재
FF(1993)	월별	1963-1991	Size, BE/ME	무위험이자 율로 조정	산술평균 수익률	가치프리 미엄 존재
LSV(1994)	연별	1963. 4-1990. 4	B/P, C/P, E/P, GS/P	규모조정 수익률	동일가중 수익률	가치프리 미엄 존재
FF(1995)	월별	1963. 6-1992. 6	BE/ME, 기업규모	–	산술평균 수익률	가치프리 미엄 존재
La Porta (1996)	월별	1982. 6-1991. 6	기대성장률 E(g)	규모조정 수익률	동일가중 수익률	가치프리 미엄 존재
PLSV(1997)	일별	1971. 2-1993. 1	B/M, C/P, GS	규모조정 수익률	누적수익률	가치프리 미엄 존재
DS(1997)	월별	1963-1992	B/M, E/P, C/P	–	동일가중 매입 보유수익률	가치프리 미엄 존재
FF(1998)	연별	1975-1995	B/M, E/P, C/P, D/P		가치가중 수익률	가치프리 미엄 존재
김성표- 윤영섭(1999)	월별	1980. 1-1997. 3	규모, B/M, E/P, C/P		산술수익률	가치프리 미엄 존재
송영출 (1999)	월별	1988. 1-1995. 12	규모, B/M	–	주식수익률	가치프리 미엄 존재
감형규 (1999)	월별	1980-1997	B/P, E/P, C/P, S/P, 규모	규모조정 수익률	연간수익률	가치프리 미엄 존재
LV(2000)	월별	1978-1996	B/M, 성과(ave 12m), 규모(MV)	–	동일가중 수익률	가치프리 미엄 존재
김석진- 김지영(2000)	월별	1990-1997	규모, B/M, Rm	시장조정 수익률	동일가중 수익률	가치프리 미엄 존재
김규영- 김영빈(2001)	월별	1980-1997	규모, β, B/M	무위험이자 율로 조정	동일가중 수익률	가치프리 미엄 존재
장영광- 김종택(2003)	월별	1980-2001	B/P, E/P,C/P, S/P, 규모, 재무 건전도	무위험이자 율로 조정	동일가중 수익률	가치프리 미엄 존재

주) CHL: Chan-Hamao-Lakonishok, FF: Fama-French, LSV: Lakonishok-Shleifer-Vishny, PLSV: La Porta-Lakonishok-Shleifer-Vishny, DS: Dechow-Sloan, LV: Liew-Vassalou

제3절 소기업투자전략과 대기업투자전략

1) 국외연구

Banz(1981)[39]는 최초로 기업규모효과(size effect)라는 용어를 사용하였는데, 표본주식들을 기업규모와 베타(β)를 이용하여 25개의 포트폴리오를 구성하여 포트폴리오의 수익률과 기업규모간의 관계를 분석한 결과, 통계적으로 유의적인 음($-$)관계가 존재함을 발견하였고 이를 규모효과(size effect)라고 불렀다.

그는 말하기를 "이처럼 소규모기업이 대규모기업에 비해 수익률이 높게 나타나는 이유가 소규모기업일수록 대규모기업에 비하여 시장에서 생산되는 정보의 양이 상대적으로 적기 때문에 소규모기업인 소형주에 투자하려는 투자자들은 추가적인 정보획득비용을 추가적으로 부담해야 하기 때문에 소형주를 이용한 충분한 분산투자가 이루어지지 못하여 소형주의 수익률이 높아진다고"고 하면서 정보효과가설을 제시하였다.

그러나 기업규모와 주식수익률간의 음($-$)의 관계가 존재한다는 것만으로 소형주가 대형주보다 투자수익률이 높다고 단정 지을수는 없다. 그 이유는 소형주 중에서도 과거성과가 좋거나 나쁜 기업이 섞여 있으며, B/P, E/P, C/P, S/P 등 가치비율 면에서

---

38) <표 2-2>의 보유기간 투자성과 측정을 보면 산술평균수익률, 동일가중수익률, 산술수익률이 나오는데 모두 같은 의미이지만 각 연구에서 사용한 용어를 그대로 적어보았다.

39) Banz Rolf W., The Relationship Between Return and Market Value of Common Stocks, *Journal of Financial Economics 9*, 1981, 3-18.

도 저평가된 가치주(상기 가치비율이 높은 주식들)와 고평가된 성장주(상기 가치비율이 낮은 주식들)들이 섞여 있을 수가 있다. 따라서 진정한 기업규모효과는 과거성과효과와 가치프리미엄효과가 모두 적절히 통제된 상태에서 측정되어야만 측정되어질 수 있을 것이다.

Roll(1981)[40]은 일별수익률과 같은 단기자료를 이용할 경우에 나타나게 되는 거래의 불연속성(trading infrequency)은 양(＋)의 자기상관성을 유발하며, 이러한 거래의 불연속성이 주로 소규모기업인 소형주에서 많이 나타나므로 소규모기업의 체계적 위험(β)이 하양편의현상(downward bias)을 일으키게 되어 결국 소규모기업이 초과수익을 나타내게 된다고 주장하면서 기업규모효과를 소규모기업의 체계적위험이 낮게 측정되어 나타나는 베타측정상의 오류현상이라고 강력하게 주장하였다.

Reinganum(1981)[41]은 주가수익배수(PER) 또는 기업규모를 기준으로 구성한 포트폴리오는 1962년~1975년까지의 기간 중에서 CAPM에 의한 추정수익률과 차이가 나는 초과수익률을 올린다는 사실을 발견하였다. PER와 기업규모를 기준으로 10개의 포트폴리오를 구성한 후 연구대상기간의 수익률을 계산해본 결과, 최저PER 포트폴리오는 CAPM에 의해서 추정되는 수익률보다 무려 연간 4%정도 더 높은 초과수익률을 얻는 것으로 나타났으며

---

40) Roll, R., A possible explanation of the small firm effect, *Journal of Finance 36*, 1981, pp.879-888.

41) Reinganum M. R, Misspecification of Capital Asset Pricing: Empirical Anomalies Based on Earnings' Yields and Market Values, *Journal of Financial Economics 9*, 1981, pp.19-64.

최소규모포트폴리오는 연간 12% 정도 더 높은 초과수익률을 보여주었다고 하였다. 아울러 이러한 PER효과와 기업규모효과가 최소한 2년 이상 존재하는 것으로 나타났기 때문에 그 원인이 시장의 비효율성에 있는 것이 아니라 *CAPM*의 균형가격 메커니즘이 잘못 설정되어 있기 때문이라고 주장하였다.

또한, PER효과와 기업규모효과가 각각 독립적인 현상인지 아니면 두 효과가 생략된 동일한 위험요인(missing factor)과 관련된 것인지의 여부도 검증하였다. 이를 위해 PER와 기업규모에 따라 구성된 25개의 포트폴리오를 구성하고 포트폴리오들의 수익률을 분석하였는데 동일한 PER를 가진 포트폴리오 내에서 최소규모포트폴리오가 가장 높은 수익률을 보여주었고 동일한 규모(시장가치)를 가진 포트폴리오 내에서 PER가 서로 다른 포트폴리오들 간에는 수익률 차이가 나타나지 않았다고 하였다.

그러나 이 연구는 이같이 PER효과가 존재하지 않았다 고해서 이외에 PBR, PCR, PSR 등 다른 가치비율들의 효과도 존재하지 않는다고 볼 수는 없으며, 과거성과(주식 투자 수익률)가 각 포트폴리오의 수익률에 영향을 미칠 수도 있는데 이점을 적절하게 통제하지 못한 한계점을 지니고 있다.

Basu(1983)[42]에 의하면 1981년의 Reinganum의 결과는 잘못된 위험조정 수익률로 인해서 기업규모가 상향편의 되어 Reinganum이 실제로 존재하는 PER효과를 발견하지 못했던 것이라고 강력하게 반박하면서, Basu는 Reinganum과는 정반대로 PER효과가

---

42) Sanjoy Basu, The Realtionship Between Earnings' Yield, Market Value and Return for NYSE common Stocks, *Journal of Financial Economics 12*, 1983, pp.129-156.

기업규모효과를 지배한다고 주장하였다. 그는 PER기준의 포트폴리오에 대해서 다시 기업규모를 통제한 후 수익률을 분석하였을 때 유의적인 PER효과가 존재한다고 주장하였다. 소규모주식이 대규모주식에 비해 상당히 높은 수익률을 나타낸 것처럼 보이지만 위험과 PER를 완전히 통제하고 나면 기업규모효과는 거의 사라졌다고 하였다.

그는 위험척도로서 표준편차와 체계적 위험(β)을 이용하였는데 PER와 기업규모에 대해서 각각 5개의 그룹포트폴리오를 구성하여 총 25개의 포트폴리오에 대하여 분석한 결과 PER가 최저인 기업군과 기업규모가 최소인 기업군이 각각 연간 7.92%, 9.48%의 초과수익률을 얻는 것으로 나타났다고 하였다.

또한 위험의 크기측면에서 볼 때 소규모기업의 표준편차는 큰 반면에, 최저PER의 포트폴리오는 그렇지 않았다고 하였다. 위험한 단위당 얻을 수 있는 수익률을 살펴보면 최저PER의 포트폴리오가 최고PER의 포트폴리오보다 높게 나타났지만 소규모기업과 대규모기업 간에는 별다른 차이가 없었다고 하였다.

따라서 PER효과를 통제했을 때 소규모기업과 대규모기업 간의 수익률 차이는 위험의 차이라고 하였다.

또한 *CAPM*을 이용하여 위험과 수익률간의 관계를 살펴볼 때, 소규모기업에서 대규모기업으로 갈수록 베타계수(β)가 뚜렷하게 감소하였으나 소규모기업과 대규모기업간의 수익률 차이에 대한 통계적인 유의성은 없었다고 하였다.

반면에 PER의 경우에는 베타계수(β)가 모든 수준에서 비슷하게 나타난 반면에, 최저PER와 최고PER의 포트폴리오간의 수익률의 차이는 통계적으로 유의적이었다고 하였다. 또한 사용된 시장지수(market index)와 수익률 차이간에는 상관이 없었으며, Dimson β를 이용해도 동일한 결과를 보여주었기 때문에 최저 PER 포트폴리오의 초과수익률은 빈번하지 않은 거래(infrequent trading)로 인한 측정오류(measurement error)로는 설명이 불가능하다고 하였다.

또한, Basu는 1981년 Reinganum이 제시한 연구결과에 대해서 또 다른 검증방법을 사용하여 재검증하였는데, 이 검증에서 그는 과거 Reinganum이 위험을 조정하지 않고 검증을 수행했기 때문에 PER효과와 기업규모효과가 왜곡되었다고 반박하였다. 즉, E/P비율을 기준으로 한 포트폴리오와 기업규모를 기준으로 한 포트폴리오 간에 상당한 체계적위험의 차이가 존재함에도 불구하고 이것을 적절히 통제하지 않고서 각 포트폴리오의 수익률에서 시장포트폴리오의 수익률을 단순히 차감하여 수익률차이를 측정했기 때문에 기업규모효과가 과대추정된 것이라고 주장하였다.

Basu는 비슷한 시장가치를 갖는 주식들에 대하여 E/P비율을 기준으로 다시 포트폴리오를 구성한 결과, 최고E/P의 포트폴리오가 최저E/P의 포트폴리오보다 통계적으로 유의한 초과수익률을 얻고 있는 것을 보고서 E/P효과가 존재함을 입증하였다.

요약하면 Basu는 포트폴리오의 체계적위험을 조정하지 않은 결과로 나타난 기업규모효과는 위험의 차이에 의한 결과로 보아야 하며, E/P효과가 독립적으로 존재하고 있다고 주장하였다. 그러나 이 연구 역시 앞서 연구들이 지닌 한계점을 똑같이 갖고 있다.

Keim(1983)[43]은 기업규모효과를 1월효과와 연관지어 검증하였는데, 분석 결과에 따르면, 소규모포트폴리오의 위험조정평균초과수익률은 1월 달에 가장 크게 나타났고, 1963~1979년의 분석기간 중에 나타난 기업규모효과의 절반이 1월 달의 초과수익률에서 발생된 것임을 규명하였다. 그는 이 결과를 토대로 기업규모효과가 1월효과에 기인한 것일 수 있다는 가능성을 제시하였으며 1월효과의 대부분이 1월 달 개장 초 5일간의 거래기간 동안에 대부분 발생한다고 하였다.

Chan-Hamao-Lakonishok(1991)[44]는 주식수익률과 E/P(당기순이익 대 주가), C/P(주당순현금흐름/주가), BE/ME(장부가치 대 시장가치), 기업규모(총시장가치)들간의 관계를 일본 주식시장을 대상으로 검증하였다. 이들은 먼저 표본주식들을 당기순이익을 기준으로 4개의 그룹으로 구분한 후, 각 그룹을 다시 기업규모를 기준으로 4개의 그룹으로 구분하였고, 다시 BE/ME비율을 기준으로 다시 4개의 그룹으로 구분하여 모두 64개의 포트폴리오를 구성하였다.

그리고 1972~1988년 동안 각 년도 3월에 포트폴리오를 재구성하는 방식을 취하여 연도별 포트폴리오별 수익률을 측정하였다. 그리고 각 변수들을 회귀분석 식에 대입하여 그 유의성 여부를 분석하였다. 분석결과는 다음과 같다.

기업규모가 커짐에 따라 기업규모에 대한 회귀계수는 음(-)의

---

43) Keim, D. B, Size-Related Anomalies and Stock Return Seasonality: Further Empirical Evidence, *Journal of Financial Economics 12*, pp.13-32.
44) Chan, Louis K., Yasushi Hamao, and Josef Lakonishok, Fundamentals and Stock Return in Japan, *Journal of Finance 46*, 1991, pp.1739~1789.

값을 가져 기업규모효과가 존재하였다. BE/ME비율 또한 유의적인 설명력이 있는 것으로 나타났다. 또한 C/P비율(즉 (주당순이익 − 주당감가상각비)/주가)의 설명력이 E/P비율의 설명력보다 높게 나타나 시장이 C/P비율에 좀 더 효율적으로 반응하고 있음을 보여주었다. 그들은 이 결과를 '이익의 질(Quality of Earnings)'이라고 표현하면서 당기순이익에 비현금비용인 감가상각비가 가산된 현금흐름(EBITDA)이 당기순이익보다 높은 경제적 의미를 지닌다고 있다고 주장하였다.

이 연구는 종래의 연구들과는 달리 당기순이익과 기업규모 그리고 BE/ME 변수 3개를 동시에 이용하여 포트폴리오를 구성하고 있다. 이점에서 본 연구와 유사한 포트폴리오 구성방법을 시도한 연구라고 볼 수 있다. 그러나 과거성과 자료로 주식투자 수익률이 아닌 당기순이익이라는 회계정보를 이용하였고 가치비율로서는 BE/ME만을 고려하고 있다는 점 그리고 포트폴리오 구성순서가 단지 한 가지뿐이라는 면에서 큰 차이를 보이고 있다. 또한 당기순이익은 각 기업의 회계처리방식과 자본구조에 큰 영향을 받는 변수이기 때문에 표본분류에 사용할 때는 상당히 신중을 기해야 한다고 생각된다. 특히 종래 투자전략에 대한 연구에서 통상 사용하고 있는 주식투자수익률 자료와 과거성과자료로 사용하지 않았다는 점에서 다른 연구결과들과 비교하기가 어렵다는 한계점도 있다.

2) 국내연구

최운열 − 김우종(1986)[45]은 한국 주식시장에서 PER효과와 기업규모효과가 존재하는지 그리고 만약 존재한다면 이 두 효과가 서로 어떠한 관계에 놓여 있는지를 분석하였다. 이들은 1975. 1~1984. 12까지 12월 결산법인만을 대상으로 매년도 3월말을 기준으로 P/E비율과 기업규모에 따라 매년도 4월 1일에 포트폴리오를 구성하였는데 각각 5개씩의 PER포트폴리오와 기업규모포트폴리오를 구성하여 PER효과와 기업규모효과의 존재여부를 검증하였다. 포트폴리오 구성방법과 분석방법에 대한 자세한 내용은 다음과 같다.

기업규모효과를 제거한 순수한 P/E효과와 P/E효과를 제거한 순수한 기업규모효과만을 측정하기 위하여 먼저 기업규모(시장가치기준)별로 5개의 규모포트폴리오를 구성한 다음, 각각의 포트폴리오에 대해서 다시 P/E비율 크기순으로 5개의 P/E포트폴리오를 구성하여 총 25개의 포트폴리오를 구성하였다.

그런 다음, 각 규모포트폴리오에서 가장 높은 P/E비율을 갖는 그룹을 각각 한 개씩 선택하고 모두 5개 그룹을 모아 기업규모효과가 제거된 포트폴리오 PE1을 구성하고, 그 다음 각 규모포트폴리오에서 두 번째로 높은 P/E비율을 갖는 그룹을 각각 한 개씩 선택하고 모두 5개 그룹을 모아 PE2를 구성하였으며 이후 동일한 절차에 따라 기업규모효과가 제거된 PE포트폴리오 5개를 구성하였다.

마찬가지 방식으로 P/E 효과가 제거된 기업규모(FS)포트폴리오를 구성하였는데, 구성방식은 각 P/E포트폴리오에서 규모가 가장 큰 그룹을 각각 한 개씩 선택하고 모두 5개 그룹을 모아

---

45) 최운열과 김우종, 주가수익비율과 기업규모가 주가에 미치는 영향, *증권학회지 제8집*, 1986, pp.1-24.

FS포트폴리오 FS1을 구성하고, 이후 동일한 절차에 따라 FS포트폴리오 5개를 구성하였다. 그런다음 PE포트폴리오(5개)와 FS포트폴리오(5개)의 월평균수익률, 월평균수익률의 표준편차 그리고 회귀분석을 통하여 각 포트폴리오의 초과수익률의 차이에 대하여 ANOVA분석을 하였다

분석결과, 낮은 PER와 작은 기업규모로 구성된 포트폴리오가 초과수익률을 얻는 것으로 나타났다. 또한 PER와 기업규모에 따라 구성된 포트폴리오의 초과수익률(α)간에 유의적인 차이가 있는지를 검증하기 위해 분산분석을 실시한 결과, 유의수준 5%에서 통계적인 차이가 존재하는 것으로 나타났다. 따라서 이들은 이 결과를 토대로 1975~1984년까지 한국 주식시장에서 통계적으로 PER효과와 기업규모효과가 존재한다고 주장하였다. 그리고 PER효과와 기업규모효과간의 관계를 분석한 결과, 낮은 PER와 작은 기업규모를 가진 포트폴리오의 초과수익률이 낮은 PER와 큰 기업규모를 가진 포트폴리오의 초과수익률보다 평균적으로 낮게 나타났는데 이는 기업규모보다는 PER가 주식의 기대수익률의 결정에 더 큰 영향력을 미치는 요인이라고 주장하였다.

또한, 분석기간을 1975. 4~1979. 3(전반기간)까지와 1979. 4~1984. 12(후반기간)까지 2개의 하위 기간으로 구분하여 PER효과와 기업규모효과의 존재여부를 검증하였는데, 검증결과, PER효과는 기간에 상관없이 지속적으로 존재하는 것으로 나타난 반면 기업규모효과는 전반기간에는 나타나지 않았으나 후반기간에서는 나타났다.

이와 같은 결과가 나온 것에 대해서 이들은 다음과 같이 추정하였다. 전반기간은 한국경제가 호황이었으므로 일반투자자는 대

규모기업뿐만 아니라 소규모기업에 대해서도 미래전망에 있어 낙관적인 자세를 취했을 것이며, 따라서 소규모기업에 대해 과소평가가 잘 이루어지지 못하여 결국 기업규모효과도 나타나지 않은 것이라고 해석하였다. 한편 후반기간은 정치적인 불안정과 수출환경의 악화 등으로 일반투자자는 상대적으로 안정된 대규모기업에 관심을 집중하였고 그 결과 소규모기업의 주식이 과소평가 되어 초과수익을 얻을 수 있었다고 추정하였다.

요약하면, 기업규모효과가 존재하기는 하지만 분석기간에 따라 존재하기도 하도 사라지기도 하는 반면에, PER효과는 분석기간에 상관없이 항상 존재하는 것으로 나타났다 주장하였다.

지청(1987)[46]은 기업규모의 크기에 따라 10개의 포트폴리오를 구성하여 최소규모 포트폴리오와 최대규모 포트폴리오간의 수익률의 차이를 분석하였다. 분석결과, 월평균 1.6453%의 유의적인 값을 얻음으로써 한국주식시장에 기업규모효과가 존재한다고 제시하였다. 그는 이 기업규모효과가 수익률의 측정과정에서 단순하게 나타난 통계적인 편의 때문인지를 살펴보기 위해 베타측정상의 편의와 수익률 측정상의 편의를 모두 제거한 후 기업규모효과를 다시 측정해보았다. 측정결과, 기업규모효과가 다소 줄어들기는 했지만 여전히 양(+)의 수익률 차이를 보여주고 있어 기업규모효과가 단순한 통계적 편의 때문에 발생한 것이 아니라고 주장하였다.

그러나 이 연구 역시 양(+)의 수익률 차이가 반드시 기업규모

---

46) 지청, 우리나라 증권시장에서의 기업규모효과에 관한 실증적 연구, *증권학회지 제9집*, 1987. pp.1-37.

효과에 의해서만 나타난 결과라고 보기 어려우며, 포트폴리오 간의 과거성과차이나 가치비율의 차이가 영향을 미칠 수도 있다는 점을 고려하지 못하고 있다.

황선웅(1993)[47]은 $CAPM$으로서는 설명이 되지 않는 기업규모효과를 발견한 Banz(1981)와 Reinganum(1981)의 연구결과와 시장지수에 있어서 동일가중지수수익률은 효율적 포트폴리오의 수익률이나 종합주가지수 수익률은 비효율적인 포트폴리오 수익률이라고 주장한 황선웅·이일균(1991)의 연구결과를 종합적으로 고려하여 1980-1990년간의 월별자료를 이용하여 기업규모효과를 분석하였다.

분석결과, 동일가중지수수익률을 시장지수로 대용할 경우 추정된 체계적위험과 기업규모간에는 부(−)의 관계가 존재하였다고 하였다. 그러나 소규모 및 대규모 포트폴리오의 초과수익률 은 통계적으로 비유의적으로 나타나 기업규모효과가 존재하지 않는다고 하였다. 그러나 종합주가지수수익률을 시장지수로 대용할 경우에는 소형주포트폴리오의 체계적위험이 오히려 대형주포트폴리오보다 작게 나타났고 그에 따라 마치 기업규모효과가 존재하는 것처럼 나타나고 있어서 종합주가지수수익률이 시장지수의 대용치로 부적절하다고 제안하였다.

김원기−권영진(1995)[48]는 한국 주식시장에서 기업규모효과와

---

47) 황선웅, 한국주식시장에서의 주가지수선택에 따른 기업규모효과의 실증결과 비교분석, *재무관리연구 제10권 제2호*, 1993, pp.303-317.
48) 김원기, 권영진, 기업규모효과와 PER효과에 대한 연구, *재무관리논총 제2권 제2호*, 1995, pp.345-365.

PER효과가 존재하는지를 보기위해 회귀분석을 실시하였다. 표본 기간은 1990~1993년까지이며 1980년 이전에 상장된 제조업(금융 및 보험업종 제외)중에서 12월 결산법인에 속하는 80개 기업만을 이용하였다. 수익률자료는 KIS-SMAT의 월 수익률을 연간수익률로 전환시켰으며, 기업규모는 각 주식의 시가총액으로 하였고, 무위험수익률은 한국은행이 발표하는 1년 만기 정기예금 이자율을 사용하였다. 또한 PER를 계산할 때 주가는 12월말 종가를 이용하였고, 시장베타(β)를 측정하는 모형은 Sharpe(1963) 모형을 이용하였으며, 베타추정은 1985-1989년까지 5년간의 수익률 자료를 이용하여 추정하였다.

그동안 기존 연구들이 포트폴리오를 구성한 후에 시장의 이상현상들을 검증하였으나 이들은 Litzenberger & Ramaswamy(1979)의 포트폴리오 비구성(no-grouping)방법으로 검증하였다. 회귀분석방법을 이용한 최초분석에서는 1990~1993년까지 매년 시장모형으로 각 년도 회귀모형을 추정하였으며, 두 번째 분석에서는 총 80개 표본기업을 β크기 순으로 5개 그룹으로 나누어 포트폴리오를 구성한 다음 각 포트폴리오의 단순한 산술평균수익률을 구하였다. 이와 같은 방식으로 매년 구성된 16개의 포트폴리오에 대한 산술평균수익률을 종속변수로 높고 분석하였다. 2가지 효과를 검증하기 위해 사용한 회귀분석모형은 위험조정수익률모형을 사용하였다.

분석결과, PER변수는 추가적인 설명변수로서 큰 의미를 가지지 못하는 것으로 나타난 반면에 기업규모변수는 추가적인 설명변수로서 상당한 설명력을 지니는 것으로 분석되었다. 이상의 분석을 토대로 이들은 적어도 분석기간 동안의 한국주식시장에서

PER효과는 존재하지 않았지만 기업규모효과는 상당한 영향력으로 존재한다고 주장하였다. 그러나 이러한 기업규모효과가 지속적으로 존재하는지는 단정할 수 없다고 하였다.

이 연구는 PER효과가 존재한다는 그간의 연구결과와 정반대의 결과를 제시하고 있다. 그러나 여기서 실시된 회귀분석방법이 아닌 포트폴리오 구성방법에 의한 투자전략의 수익률에는 유의적인 영향을 미칠 것인지는 실증적인 문제이다.

송영출-이진근(1997)[49]은 1980년부터 1995년까지 한국 주식시장에서 베타 이외 기업규모와 장부가치 대 시장가치비율(BE/ME)이 포트폴리오의 수익률 차이를 설명하는데 유용한가를 분석하였다. 분석결과, 기업규모변수는 베타가 설명하지 못하는 수익률 차이의 상당부분을 설명해주고 있는 것으로 나타난 반면에 BE/ME 변수는 설명력이 거의 없었다고 하였다. 이 연구는 김원기-권영진(1995)의 결과와 정확하게 일치하고 있다. 그러나 그 한계점 또한 똑같다.

이진근(1998)[50]은 1980년부터 1993년까지의 한국 주식시장을 대상으로 베타, 기업규모, E/P(주당순이익 대 주가) 등 세 변수를 이용하여 수익률의 횡단면적 차이를 분석하였다. 분석결과, 베타위험의 유일성과 시장베타와 수익률의 양(+)의 상관관계를 부정하였고 E/P효과는 존재하지 않았으며, 기업규모효과만 존재한다고 주장하였다.

---

49) 송영출, 이진근, 자기자본비용의 추정에 관한 연구, *재무관리연구 제14권 제3호*, 1997, pp.157-181.
50) 이진근, 체계적 위험과 비정상성에 관한 연구, *재무관리논총 제4권 제1호*, 1998. 2, pp.233-258.

다음 <표 2-3>은 지금까지 설명한 기업규모와 관련하여 이루어
진 국내외 주요 선행연구들의 연구 설계를 비교 정리한 것이다.

<표 2-3> 기업규모효과를 검증한 연구 설계 비교

연구자	수익률	분석기간	측정변수	분석모형	수익률 측정	결론
Banz(1981)	월별	1926-1975	β, 기업규모	포트폴리오를 구성함	시장조정 포트폴리오수익률	규모 효과인정
Roll(1981)	월별	1926-1975	β, 기업규모	포트폴리오를 구성함	시장조정 포트폴리오수익률	규모 효과**부정**
Reinganum (1981)	월별	1962-1975	PER, 기업규모	포트폴리오를 구성함	시장조정 포트폴리오수익률	규모 효과인정
Basu(1983)	월별	1962-1978	기업규모, β(OLS, Dimson)	포트폴리오를 구성함	동일가중 포트폴리오수익률	규모 효과인정
Keim(1983)	일별	1963-1979	기업규모	회귀분석	동일가중 포트폴리오수익률	규모 효과인정
CHL(1991)	월별	1972-1988	E/P, C/P, 규모 BE/ME,	회귀분석	동일가중 포트폴리오수익률	규모 효과인정
최운열- 김우종 (1986)	월별	1975-1984	PER, 기업규모	포트폴리오를 구성함	포트폴리오 시장조정 수익률	규모 효과인정
지청(1987)	월별	1976-1986	기업규모, β(OLS, Dimson)	포트폴리오를 구성함	무위험조정 포트폴리오수익률	규모 효과인정
황선웅(1993)	월별	1980-1990	기업규모, 시장지표	회귀분석	동일가중 포트폴리오수익률	규모 효과**부정**
김원기- 권영진 (1995)	연간	1990-1993	β, PER, 기업규모	회귀분석	무위험조정 포트폴리오수익률	규모 효과인정
송영출- 이진근 (1997)	월별	1980-1995	시장위험프리미엄 B/M가치프리미엄 규모 프리미엄	포트폴리오구 성/회기분석	포트폴리오 초과수익률	규모 효과인정
이진근(1998)	월별	1980-1993	β, 기업규모, E/P	회귀분석	동일가중 포트폴리오수익률	규모 효과인정

제3장 연구의 설계

본 장에서는 연구에 사용된 자료와 변수, 포트폴리오 구성방법 및 구성순서, 투자전략의 정의, 투자성과의 측정 및 검증방법 등에 대해서 설명하고 있다.

제1절 자료와 변수

1) 자료

본 연구에서는 1981년부터 2001년도까지 해당연도 말에 한국증권거래소에 상장되어 있었던 12월 결산 제조기업(즉, 금융관련 기업은 제외)을 표본기업으로 이용하였다. 그러나 1981년 3월말에 포트폴리오 구성 시 개별기업들의 직전연도의 회계자료 및 주가자료가 필요했기 때문에 실제 자료를 이용한 기간은 1980년 1월부터 2001년 12월까지라고 할 수 있다.

다음은 분석기간 21년간의 연도별 표본기업의 갯수이며 모두 합하면 총 5,475개이다.

년도	1981	1982	1983	1984	1985	1986	1987	1988	1989	1990	1991
표본수(개)	136	140	138	141	143	150	150	167	175	182	212
년도	1992	1993	1994	1995	1996	1997	1998	1999	2000	2001	
표본수(개)	269	351	367	374	387	374	355	390	422	452	

본 연구에 사용된 표본기업들은 한국신용평가의 KIS-FAS 2002 데이터베이스에서 추출하였다. 이 데이터베이스에는 계속상장업체, 해당연도상장업체, 상장폐지업체 등 모두 세가지 방식으로 분류하여 상장기업들을 필터링해주고 있다. 본 연구는 그 중에서 '해당연도상장업체'를 선택하여 1981년 말부터 2001년 말까지 각 연도별 상장업체(제조업만)를 추출하였다. 그런다음, 각 연도별 표본에 대하여 한국증권연구원에서 제공하는 KSRI 2002 데이터베이스로부터 개별기업에 대한 월별수정주가를 추출한 다음, 다시 월별수정주가수익률로 전환하여 사용하였다.

그리고 투자성과 측정시 개별기업의 성과는 최단 3개월부터 최장 36개월간의 보유기간 투자성과를 측정하였고, 포트폴리오의 성과는 포트폴리오에 포함된 개별기업의 성과를 동일가중평균하여 측정하였다. 이때 성과측정 과정에서 주식가격자료가 빠진 개별기업을 일부 제외하였는데 해당연도 표본에서 차지하는 비중이 매우 적었다. 즉, 개별기업에 대한 향후 36개월간의 수익률이 모두 측정 가능한 표본기업을 분석대상으로 하였기 때문에 표본선택편의가 다소 존재한다. 또한 해당연도마다 신규상장기업이 무엇이었는지에 대한 정확한 추적을 하지 않은 관계로 신규상장편의도 존재한다.

한편, 기업규모(자기자본시장가치)를 포함한 B/P(주당순자산 대 주가비율), E/P(주당이익 대 주가비율), C/P(주당현금흐름 대 주가비율), S/P(주당매출액 대 주가비율) 등 가치비율 자료는 (주)한국신용평가의 KIS-FAS 2002 데이터베이스로부터 관련 계정과목들을 추출하여 사용하였다.

2) 기업구분변수

다음은 가치비율과 기업규모 변수를 측정하는 산식이다.

① 가치비율

- B/P(bps-to-price): 주당순자산 대 주가비율
  = {[직전연도 자본총계-무형고정자산-이연자산+이연부채)/직전연도 결산기말 발행주식수]}/포트폴리오 구성연도 3월말 수정주가[51]

- E/P(eps-to-price): 주당이익 대 주가비율
  = {[(직전연도 경상이익-우선주배당금)/평균발행주식수[52])]}/ 포트폴리오 구성연도 3월말 수정주가

---

51) 가치비율의 분모가 되는 주가자료로 3월말 수정주가를 이용한 이유는 3월 말경이면 투자자들이 대부분 기업들의 재무제표정보를 충분히 알 수 있기 때문임. 결과적으로 선견편의(look-ahead bias)를 제거하였다.

52) 평균발행주식수란 포트폴리오 구성 직전연도의 기말발행주식수와 구성연도의 기말발행주식수의 평균을 의미한다.

- C/P(cps-to-price): 주당현금흐름 대 주가비율

  = {[(직전연도 현금흐름표에서 순운전자본증감이 제외된 영업활동현금흐름)/평균발행주식수]}/포트폴리오 구성연도 3월말수정주가

- S/P(sps-to-price): 주당매출액 대 주가비율

  = {[직전연도 결산기말 매출액/평균발행주식수]}/포트폴리오 구성연도 3월말 수정주가

② 기업규모[53)]

  = ln(ME; 평균발행주식수×포트폴리오 구성연도의 3월말 수정주가)

3) 성과변수와 그 활용방법

성과(수익률)는 개별기업, 포트폴리오, 투자전략 차원에서 각각 측정하였다. 개별기업의 성과는 보유기간(T) 동안의 매입보유시장 초과수익률($BHARi$: buy and hold abnormal return)로써 측정하였다. 그리고 포트폴리오의 성과는 보유기간(T) 동안 포트폴리오 p에 포함된 개별기업들의 매입보유시장 초과수익률들을 동일 가중평균한 평균매입보유시장 초과수익률($ABHARp$: average buy and hold abnormal return)로써 측정하였다. 그리고 투자전략에 대한 성과는 보유기간(T) 동안 과거성과, 가치비율, 기업규모 등 세

---

53) 여기서 기업규모란 표본기업들의 '자기자본의 시장가치(ME)'를 의미한다. 이 기업규모 변수를 기준으로 해당연도의 표본기업을 소기업(Small), 중기업(Medium), 대기업(Big) 등 3개의 그룹으로 구분하였다.

개의 기업구분 변수가 동시에 통제된 상태에서의 9개의 차익포트폴리오 수익률들에 대한 동일가중평균치(즉, Cy(T), Vy(T), Sy (T); 이에 대해서는 제3절 투자전략의 개발을 참조)로써 측정하였다.

4) 기업구분 변수와 그 활용방법

본 연구의 「확인적 분석」에서는 기존 연구처럼 가치비율과 기업규모 중에서 1개 변수만을 이용하여 투자전략의 수익성을 분석하고 있으며, 「심화분석」에서는 가치비율과 기업규모 등 세 개 변수를 동시에 통제하여 3단계 포트폴리오를 구성한 다음 투자전략의 수익성을 분석하고 있다. 3단계 포트폴리오 구성시 과거성과, 가치비율, 기업규모 변수는 다음과 같이 적용하였다.

첫째, 과거성과란 포트폴리오 구성시점인 각 연도 3월말을 기준으로 그 이전 3개월간, 6개월간, 9개월간, 12개월간, 24개월간, 36개월 동안의 개별종목의 매입보유시장 초과수익률($BHAR$)을 의미한다. 본 연구에서는 과거성과변수를 기준으로 3등분으로 포트폴리오를 구성하였는데, 표본기업들을 과거성과 변수를 기준으로 오름차순으로 정렬한 후 30%-40%-30%로 나누어 각각 패자주식 포트폴리오(Loser), 보통주식 포트폴리오(Medium), 승자주식 포트폴리오(Winner)로 정의하였다.

둘째, 가치비율이란 개별종목(기업)들의 B/P, E/P, C/P, S/P를 가리킨다. 본 연구에서는 가치비율을 기준으로 3등분으로 포트폴리오를 구성하였는데, 표본기업들을 각 가치비율을 기준으로 내림차순으로 정렬한 후 30%-40%-30% 비율로 나누어 각각 가치주포트폴리오(High), 중간주포트폴리오(Medium), 성장주포트폴리오(Low)로 정의하였다.

셋째, 기업규모란 개별기업의 자기자본의 시장가치에 자연로그 (ln)를 취한 값을 말한다. 본 연구에서는 기업규모를 기준으로 3등분으로 포트폴리오를 구성하였는데, 표본기업들을 기업규모를 기준으로 오름차순으로 정렬한 후 30%-40%-30% 비율로 나누어 각각 소기업포트폴리오(Small), 중기업포트폴리오(Medium), 대기업 포트폴리오(Big)로 정의하였다.

제2절 포트폴리오 구성방법

1) 포트폴리오의 구성과 투자

본 연구는 분석기간(1981년부터 2001년까지) 동안에 각 년도 3월말 시점을 「포트폴리오 구성시점」 그리고 각 년도 4월초 시점을 「포트폴리오 투자시작시점」 그리고 각 년도 4월을 포함하여 이후 3개월간, 6개월간, 9개월간, 12개월간, 24개월간, 36개월간을 「포트폴리오 투자기간」으로 설정한 다음 개별기업(종목)의 투자성과, 포트폴리오의 투자성과, 그리고 세 종류의 투자전략에 대한 투자성과를 각각 측정하였다

구체적으로 본 연구의【포트폴리오 구성방식】은 과거성과, 가치비율, 기업규모 등 세 개의 기업구분 변수를 동시에 이용하여 1981년부터 2001년도까지 각 연도 3월말 시점에 해당연도별 표본기업을 3단계에 걸쳐서 분류하여 27개씩 최종포트폴리오를 구성하였다.

<포트폴리오 구성 및 투자기간>

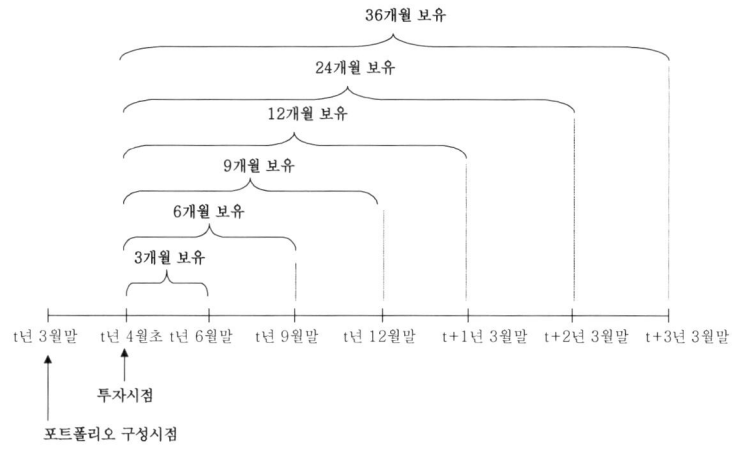

그리고 【포트폴리오 투자방식】은 위의 그림처럼 포트폴리오 투자시작 시점인 각 연도 4월초를 포함하여 이후 3개월간, 6개월간, 9개월간, 12개월간, 24개월간, 36개간 3월말 시점에 구성한 포트폴리오를 그대로 보유한다고 가정하였다. 예를 들어 3개월간 포트폴리오의 투자성과란 3월말 시점에 구성한 포트폴리오를 4월초부터 6월말 시점까지 계속해서 보유한다고 할 때 3개월간의 평균매입보유시장 초과수익률을 의미한다.

2) 포트폴리오 구성절차

본 연구에서는 기존 연구들의 연구결과를 재확인하기 위해 대부분의 기존 연구들과 똑같은 연구방식으로 포트폴리오를 구성하여 확인적 분석을 먼저 실시하였고, 그런 다음 그동안 국내 연구에서는 없었던 새로운 포트폴리오 구성방법인 3단계 포트폴리오 구성방식을 취하여 심화분석을 실시하였다.

이 책에서는 기존 연구에서 나타난 공통적인 한계점을 보완하여 각 투자전략들이 내포하고 있는 수익률의 차이가 정확히 어떤 효과 때문인지를 명확하게 제시하고자 3단계 포트폴리오 구성방법을 이용하였다. 이 책은 기존 연구들과는 달리 과거에 주식 투자성과가 저조했던 패자기업이나 우수했던 승자기업들 중에도 가치주기업과 성장주기업이 함께 섞여 있을 수 있다는 점 그리고 동일한 가치주기업(성장주기업)이라 하더라도 기업규모 면에서 소기업과 대기업이 함께 섞여 있을 수 있다는 점을 고려하였다.

그래서 본 연구에서는 과거주식 투자성과, 가치비율, 기업규모 등 모두 세 변수를 이용하였고 총 3단계에 걸쳐서 포트폴리오를 구성함으로써 최종적으로 투자전략이 내포한 수익률의 차이는 과거성과, 가치비율, 기업규모가 모두 통제된 수익률이 된다.

따라서 3단계 포트폴리오 구성방법을 사용하여 역투자전략, 가치투자전략, 소기업투자전략 등 각 투자전략의 수익률이 통계적으로 유의적인 양(+)으로 나타난다면 그 차익수익률의 원천이 과거성과프리미엄효과, 가치주프리미엄효과, 기업규모프리미엄효과 중에서 어떤 효과가 존재하고 수익률 차이에 가장 영향을 미치는지를 제시할 수 있게 된다.

그 이유는 3단계 포트폴리오 구성방법에 근거하여 측정된 역투자전략의 수익률이란 가치주프리미엄효과와 기업규모프리미엄효과가 모두 통제된 상태에서 과거성과프리미엄효과만이 영향을 미친 결과이다. 그리고 가치투자전략의 수익률이란 과거성과프리미엄효과와 기업규모프리미엄효과가 모두 통제된 상태에서 B/P,

E/P, C/P, S/P 중에서 어느 하나의 가치주프리미엄효과만이 영향을 미친 결과이다. 그리고 소기업투자전략의 수익률이란 과거성과프리미엄효과와 가치주프리미엄효과가 모두 통제된 상태에서 기업규모프리미엄효과만이 영향을 미친 결과이다.

이하에서는 지금부터 이 책의 심화분석에서 사용될 3단계 포트폴리오 구성방법에 대해서 구체적으로 설명하기로 한다.

3단계 포트폴리오 구성방식이란 해당 연도의 표본기업들을 과거성과, 가치비율, 기업규모 등 세 변수를 기준으로 3단계에 걸쳐서 세 그룹씩 분류하여 총 27개의 최종포트폴리오를 구성하는 방법이다. 이러한 작업은 구성순서에 따라 구분변수들의 순서가 다음과 같이 달라져 모두 72가지 포트폴리오 구성방법이 존재하며 이 책에서 모두 수행되었다.

　　① **과거성과→가치비율→기업규모** 구성순서(총 24가지)

　　② **가치비율→과거성과→기업규모** 구성순서(총 24가지)

　　③ **기업규모→과거성과→가치비율** 구성순서(총 24가지)

제1절 자료와 변수에서도 설명한 바와 같이 개별기업들의 '과거성과'를 측정한 변수로는 포트폴리오 구성시점(각 연도 3월말 시점)을 기준으로 과거 3개월간, 6개월간, 9개월간, 12개월간, 24개월간, 36개월간 등 총 6개가 있다. 그리고 개별기업들의 '가치비율'을 측정한 변수로는 B/P, E/P, C/P, S/P 등 총 4개가 있다. 마지막으로 개별기업의 '기업규모'를 측정한 변수로는 ln(자기자본의 시장가치)가 있다.

따라서 만약 위의 ①번 혹은 ②번 혹은 ③번과 같은 순서대로 포트폴리오를 구성하게 되면 각각 24(=6×4)종류의 서로 다른 형태의 포트폴리오 구성방식을 얻을 수 있다. 그리고 이러한 서로 다른 24종류의 포트폴리오 구성방식대로 포트폴리오를 구성할 경우에 1981년도부터 2001년도까지 21년 동안 해마다 27개씩의 최종포트폴리오(3×3×3)가 만들어지게 된다. 만일 ①번과 같은 방법대로 포트폴리오를 구성한다면 <표 3-1>과 같다.

<표 3-1> 과거성과→가치비율→기업규모 순서로 구성

과거성과	가치비율	기업규모	최종단계 portfolio	
Loser	High	Small	LHS	(P1)
		Medium	LHM	(P2)
		Big	LHB	(P3)
	Medium	Small	LMS	(P4)
		Medium	LMM	(P5)
		Big	LMB	(P6)
	Low	Small	LLS	(P7)
		Medium	LLM	(P8)
		Big	LLB	(P9)
Medium	High	Small	MHS	(P10)
		Medium	MHM	(P11)
		Big	MHB	(P12)
	Medium	Small	MMS	(P13)
		Medium	MMM	(P14)
		Big	MMB	(P15)
	Low	Small	MLS	(P16)
		Medium	MLM	(P17)
		Big	MLB	(P18)
Winner	High	Small	WHS	(P19)
		Medium	WHM	(P20)
		Big	WHB	(P21)
	Medium	Small	WMS	(P22)
		Medium	WMM	(P23)
		Big	WMB	(P24)
	Low	Small	WLS	(P25)
		Medium	WLM	(P26)
		Big	WLB	(P27)

과거성과의 세부변수로 모두 6가지 종류의 과거성과가 있고, 가치비율의 세부변수로 모두 4가지 종류가 있고, 기업규모를 나

타내는 변수로 1가지 종류가 있으므로 총 24종류의 구성순서가 존재하게 되며, 각 구성순서대로 포트폴리오를 구성할 때마다 최종단계에서는 27개(P1~P27)의 포트폴리오가 만들어지게 된다.

②번과 같은 방법대로 포트폴리오를 구성한다면 <표 3-2>와 같다.

<표 3-2> 가치비율→과거성과→기업규모 순서로 구성

가치비율	과거성과	기업규모	최종단계 portfolio	
High	Loser	Small	HLS	(P1)
		Medium	HLM	(P2)
		Big	HLB	(P3)
	Medium	Small	HMS	(P4)
		Medium	HMM	(P5)
		Big	HMB	(P6)
	Winner	Small	HWS	(P7)
		Medium	HWM	(P8)
		Big	HWB	(P9)
Medium	Loser	Small	MLS	(P10)
		Medium	MLM	(P11)
		Big	MLB	(P12)
	Medium	Small	MMS	(P13)
		Medium	MMM	(P14)
		Big	MMB	(P15)
	Winner	Small	MWS	(P16)
		Medium	MWM	(P17)
		Big	MWB	(P18)
Low	Loser	Small	LLS	(P19)
		Medium	LLM	(P20)
		Big	LLB	(P21)
	Medium	Small	LMS	(P22)
		Medium	LMM	(P23)
		Big	LMB	(P24)
	Winner	Small	LWS	(P25)
		Medium	LWM	(P26)
		Big	LWB	(P27)

가치비율의 세부변수로 4가지 종류가 있고, 과거성과의 세부변
수로 6가지 종류가 있고, 기업규모 변수로 1가지 종류가 있으므
로 총 24종류의 구성순서가 존재하게 되며, 각 구성순서대로 포
트폴리오를 구성할 때마다 최종단계에서 27개(P1~P27)의 포트
폴리오가 만들어지게 된다.

③번과 같은 방법대로 포트폴리오를 구성한다면 <표 3-3>과 같다.

<표 3-3> 기업규모→과거성과→가치비율 순서로 구성

기업규모	과거성과	가치비율	최종단계 portfolio	
Small	Loser	High	SLH	(P1)
		Medium	SLM	(P2)
		Low	SLL	(P3)
	Medium	High	SMH	(P4)
		Medium	SMM	(P5)
		Low	SML	(P6)
	Winner	High	SWH	(P7)
		Medium	SWM	(P8)
		Low	SWL	(P9)
Medium	Loser	High	MLH	(P10)
		Medium	MLM	(P11)
		Low	MLL	(P12)
	Medium	High	MMH	(P13)
		Medium	MMM	(P14)
		Low	MML	(P15)
	Winner	High	MWH	(P16)
		Medium	MWM	(P17)
		Low	MWL	(P18)
Big	Loser	High	BLH	(P19)
		Medium	BLM	(P20)
		Low	BLL	(P21)
	Medium	High	BMH	(P22)
		Medium	BMM	(P23)
		Low	BML	(P24)
	Winner	High	BWH	(P25)
		Medium	BWM	(P26)
		Low	BWL	(P27)

기업규모의 세부변수로 1가지 종류가 있고, 과거성과의 세부변수로 6가지 종류가 있고, 가치비율의 세부변수로 네 가지 종류가 있으므로 총 24종류의 구성순서가 존재하게 되며, 각 구성순서대로 포트폴리오를 구성할 때마다 최종단계에서 27개(P1~P27)의 포트폴리오가 만들어지게 된다.

제3절 투자전략의 개발

본 연구는 크게 기존 국내외 연구설계 방식과 동일하게 이루어진 확인적 분석과 과거성과, 가치비율, 기업규모 등 세 개의 변수를 동시에 이용하여 3단계 포트폴리오 구성방식으로 이루어진 심화 분석을 통하여 역투자전략과 가치투자전략, 소기업투자전략의 성과차이와 그 원천을 규명하고 있다. 이 두 가지 분석에서 사용하고 있는 투자전략의 의미는 다음과 같다.

1) 역투자전략(contrarian strategy)

이 전략(=C(T) 또는 Cy(T))은 '과거성과'가 열등한 패자주식(Loser)을 매입하고 우수한 승자주식(Winner)을 매도하는 차익거래전략을 의미한다. 만일 이 차익거래전략의 수익률이 통계적으로 유의적인 것으로 확인될 경우 차익거래전략의 보유기간(T) 동안에 '과거성과프리미엄(past performance premium)'이 존재함을 의미한다. 구체적으로 이 차익거래전략의 수익률이 통계적으로 유

의적인 양(+)으로 나타난다면 차익거래전략의 보유기간(T) 동안
에 역투자전략이 유효하였음을 의미하며, 반대로 유의적인 음(−)
으로 나타난다면 계속투자전략(momentum strategy)이 유효하였
음을 의미한다.

2) 가치투자전략(value strategy)

이 전략(＝V(T) 또는 Vy(T))은 B/P, E/P, C/P, S/P 등 가치
비율에 있어서 높은 수치를 나타내는 가치주(value stock)를 매
입하고, 낮은 수치를 나타내는 성장주(growth stock)를 매도하는
차익거래전략이다. 만일 이 차익거래전략의 수익률이 통계적으로
유의적인 것으로 확인될 경우 차익거래전략의 보유기간(T) 동안
에 '가치프리미엄(value premium)'이 존재함을 의미한다. 구체적
으로 이 차익거래전략의 수익률이 통계적으로 유의적인 양(+)
으로 나타난다면 차익거래전략의 보유기간(T) 동안에 가치투자
전략(value strategy)이 유효하였음을 의미하며, 반대로 유의적인
음(−)으로 나타난다면 성장주투자전략(growth strategy)이 유효
하였음을 의미한다.

3) 소기업투자전략(small strategy)

이 전략(＝S(T) 또는 Sy(T))은 기업규모(자기자본의 시장가치)
가 소규모인 소형주를 매입하고 대규모인 대형주를 매도하는 차익
거래전략이다. 만일 이 차익거래전략의 수익률이 통계적으로 유의
적인 것으로 확인될 경우 이 차익거래전략의 보유기간(T) 동안에

'기업규모프리미엄(size premium)'이 존재함을 의미한다. 구체적
으로 이 차익거래전략의 수익률이 통계적으로 유의적인 양(＋)으
로 나타난다면 이 차익거래전략의 보유기간(T) 동안에 소기업투
자전략(small firm strategy)이 유효함을 의미하며, 반대로 유의적
인 음(－)으로 나타난다면 대기업투자전략(big firm strategy)이
유효하였음을 의미한다.

그러면 앞서 <표 3-1>, <표 3-2>, <표 3-3>에서 제시된 구성
순서대로 각각 포트폴리오를 구성했을 때 상기의 세 종류 투자전
략의 투자성과가 각각 어떻게 측정되는지를 설명하기로 한다.

<표 3-4> 표 3-1에 의한 투자전략별 투자성과 측정식

$Cy(T)$ $= [(P1-P19)+(P2-P20)+(P3-P21)+(P4-P22)+(P5-P23)+(P6-P24)+(P7-P25)$ $\quad +(P8-P26)+(P9-P27)] \div 9$
$Vy(T)$ $= [(P1-P7)+(P2-P8)+(P3-P9)+(P10-P16)+(P11-P17)+(P12-P18)+(P19-P25)$ $\quad +(P20-P26)+(P21-P27)] \div 9$
$Sy(T)$ $= [(P1-P3)+(P4-P6)+(P7-P9)+(P10-P12)+(P13-p15)+(P16-P18)+(P19-P21)$ $\quad +(P22-P24)+(P25-P27)] \div 9$

주) $Cy(T)$, $Vy(T)$, $Sy(T)$: 연도별(y) 역투자전략 수익률, 가치주투자 수익률,
　　소기업투자전략 수익률
　　T: 해당 투자전략을 포트폴리오 구성 이후 각각 3개월, 6개월, 9개월, 12
　　개월, 24개월, 36개월간 보유함을 의미함

<표 3-4>는 <표 3-1>의 구성순서대로 각 변수마다 세 그룹씩
기업을 분류하여 최종적으로 27개의 포트폴리오를 구성했을 경우

에 세 종류 투자전략의 연도별 성과가 어떻게 측정되는지를 보여
주고 있다. 이와 같은 방식대로 1981년부터 2001년도까지의 세 종
류 투자전략의 연도별 투자성과(즉, Cy(T), Vy(T), Sy(T))를 측
정하고 다시 분석전체기간(21년)에 대하여 평균하여 분석전체 기
간 동안의 각 투자전략의 평균적인 투자성과(C(T), V(T), S(T))
를 측정하고 그 통계적 유의성을 검증하였다.

<표 3-5>은 <표 3-2>의 구성순서대로 세 그룹씩 기업을 분류
하여 최종적으로 포트폴리오 27개를 구성했을 경우에 세 가지 투
자전략의 연도별 성과가 각각 어떻게 측정되는지를 보여주고 있다.

<표 3-5> 표 3-2에 의한 투자전략별 투자성과 측정식

Cy(T) = [(P1−P7)+(P2−P8)+(P3−P9)+(P10−P16)+(P11−P17)+(P12−P18)+(P19−P25) +(P20−P26)+(P21−P27)] ÷ 9
Vy(T) = [(P1−P19)+(P2−P20)+(P3−P21)+(P4−P22)+(P5−P23)+(P6−P24)+(P7−P25) +(P8−P26)+(P9−P27)] ÷ 9
Sy(T) = [(P1−P3)+(P4−P6)+(P7−P9)+(P10−P12)+(P13−p15)+(P16−P18)+(P19−P21) +(P22−P24)+(P25−P27)] ÷ 9

<표 3-6>은 <표 3-3>의 구성순서대로 세 그룹씩 기업을 분류
하여 최종적으로 포트폴리오 27개를 구성했을 경우에 세 가지 투
자전략의 연도별 성과가 각각 어떻게 측정되는지를 보여주고 있다.

<표 3-6> 표 3-3에 의한 투자전략별 투자성과 측정식

Cy(T)   = [(P1–P7)+(P2–P8)+(P3–P9)+(P10–P16)+(P11–P17)+(P12–P18)+(P19–P25)   +(P20–P26)+(P21–P27)] ÷ 9
Vy(T)   = [(P1–P3)+(P4–P6)+(P7–P9)+(P10–P12)+(P13–p15)+(P16–P18)+(P19–P21)   +(P22–P24)+(P25–P27)] ÷ 9
Sy(T)   = [(P1–P19)+(P2–P20)+(P3–P21)+(P4–P22)+(P5–P23)+(P6–P24)+(P7–P25)   +(P8–P26)+(P9–P27)] ÷ 9

제4절 투자성과 측정 및 검증방법

　본 절에서는 개별종목, 포트폴리오, 투자전략에 대한 각각의 투자성과를 측정하는 방법과 통계적 검증방법에 대해서 설명하고 있다.

1) 투자성과 측정방법

(1) 개별종목의 투자성과

　개별종목의 투자성과는 개별종목 하나를 보유기간(T) 동안 보유한다고 했을 때 얻을 수 있는 매입보유시장초과수익률($BHARi$)[54]

---

54) 김태혁, 엄철준, 시장조정 초과수익률 측정방법의 선택이 주가과민반응

로써 측정하였다.

$$BHAR_{p,i,T} = \sum_{t=1}^{T} \ln R_{p,i,t} - \sum_{t=1}^{T} \ln R_{m,t}$$

단, 여기서

p : 포트폴리오(1, 2, 3 ~, 27)

i : 개별종목 i

T : 보유기간(3, 6, 9, 12, 24, 36개월)

n : 포트폴리오의 구성종목의 갯수

$\ln R_{p,i,t}$: t시점의 포트폴리오 p에 포함된 개별종목 i의 월별 수정주가를 이용한 ln수익률

$\ln R_{m,t}$: t시점의 월별종합주가지수 ln수익률

$BHAR_{p,i,t}$: p포트폴리오에 포함된 개별종목 i의 T개월 보유시 매입보유시장초과수익률

본 연구는 성과측정시 시장조정수익률을 적용하고 있다. 김찬웅-김경원(1997)[55]은 사건연구에서 사용되고 있는 시장조정 수익률모형(market adjusted model), 시장위험조정 수익률모형(market and risk adjusted return model), 평균조정 수익률모형(mean adjusted return model), 그리고 산업지수수익률 조정모형(industry adjusted return model)등 모두 4가지 모형에 대한 검정력을 비교하였는데, 우리나라에서는 시장조정 수익률모형의 검정력이 가장 우수하였다고 보고한 바 있다. 이에 본 연구는 이

실증결과에 미치는 영향, *재무연구 제14호*, 1997, pp.65-100에 따르면 수익률측정단위기간으로서 일별·월별수익률 중에서 어느 것을 사용하느냐에 따라 산술수익률, 누적수익률, 재구성수익률 방법은 성과를 서로 상이하게 측정하고 있는 반면에 매입보유수익률은 차이가 거의 나지 않아 사건연구에서 가장 합당한 수익률 측정방법이라고 주장하였다.

55) 김찬웅, 김경원, 사건연구에서의 주식성과 측정, *증권학회지 제20집*, 1997, pp.301-327.

연구결과를 고려하여 개별종목, 포트폴리오, 그리고 투자전략의 보유기간별 투자성과를 측정할 때 모두 시장조정 수익률로써 측정하였다.

따라서 본 연구의 성과는 위험을 조정한 위험조정수익률이 아니다. 그러나 실제 투자전략의 투자성과의 차이를 비교할 때는 위험을 고려하기 위해 샤프지수(RVAR, return-to-variability)를 측정하여 비교하였다.

(2) 포트폴리오의 투자성과

포트폴리오의 투자성과는 해당연도에 27개의 최종포트폴리오들 중에서 임의의 p포트폴리오에 분류된 개별종목들의 매입보유시장 초과수익률($BHARi$)을 동일가중평균 한 평균매입보유시장초과수익률($ABHARp$)로 측정하였다.

$$ABHAR_{p,T} = \frac{1}{n} \sum_{i=1}^{n} BHAR_{p,i,T}$$

단, 여기서
$ABHAR_{p,t}$: p포트폴리오의 T개월 보유시 평균매입보유시장초과수익률

(3) 투자전략의 투자성과

투자전략의 투자성과는 크게 세 종류가 있는데 역투자전략의 성과(C(T)), 가치투자전략의 성과(V(T)), 소기업투자전략의 성과(S(T))가 그것이다. 이러한 성과들은 연도별 수익률이 아니라 본 연구의 분석전체 기간 동안의 평균수익률을 의미한다.

$$C(T) = \frac{1}{n} \sum_{y=1}^{n} Cy(T)$$

$$V(T) = \frac{1}{n} \sum_{y=1}^{n} Vy(T)$$

$$S(T) = \frac{1}{n} \sum_{y=1}^{n} Sy(T)$$

단, 여기서

T: 해당 투자전략의 보유기간(3, 6, 9, 12, 24, 36개월)

y: T기간 동안의 투자전략의 성과를 측정한 연도

　(1=1981년, 2=1982년, ……, n=2001년)

n: 해당 투자전략의 T기간 성과를 구할 수 있는 총 횟수

Cy(T): y 년도에 수립된 역투자전략의 보유기간 수익률

Vy(T): y 년도에 수립된 가치투자전략의 보유기간 수익률

Sy(T): y 년도에 수립된 소기업투자전략의 보유기간 수익률

예를 들어, 투자전략의 향후 보유기간(T)이 3개월, 6개월, 9개월인 C(T), V(T), S(T)의 차익수익률은 1981년도부터 2001년도까지 21년 동안 모두 구할 수 있으므로 n이 21이 되며, 투자전략의 보유기간이 12개월인 경우에는 1981년도부터 2000년도까지만 구할 수 있으므로 n이 20이 되고, 투자전략의 보유기간이 24개월인 경우는 1981년도부터 1999년도까지만 구할 수 있으므로 n이 19가 되고, 투자전략의 보유기간이 36개월인 경우에는 1981년도부터 1998년도까지만 구할 수 있으므로 n이 18이 된다.

이와 같이 해당연도별로 T기간 동안의 Cy(T), Vy(T), Sy(T)에 대한 수익률을 구한 후, 분석 전체기간 동안 평균한 값이 각각 C(T), V(T), S(T)인 것이다.

2) 검증방법

상기와 같은 방법으로 측정한 세 종류 투자전략의 T개월 보유 시 분석 전체기간 동안의 전체평균과 표준편차를 측정하고 t-값을 구한 후 특정 투자전략의 유의성을 검증하였다. 본 연구에서는 투자전략의 유형이 세 종류이므로 특정 투자전략의 전체기간의 평균수익률을 $\overline{투자전략(T)}$, 표준편차를 $S_{투자전략(T)}$로 표시하고 다음과 같이 통계적인 유의성을 검증하였다.

다음은 C(T), V(T), S(T) 등 투자전략 중에서 어느 한 투자전략에 대한 t-값이다.

$$t-값 = \frac{\overline{투자전략(T)}}{\dfrac{S_{투자전략(T)}}{\sqrt{(n)}}}$$

여기서, 특정 투자전략의 표준편차 S투자전략(T)은 다음과 같이 측정하였다.

$$S_{투자전략(T)} = \sqrt{\frac{\sum_{i=1}^{n}(투자전략(T) - \overline{투자전략(T)})^2}{n-1}}$$

또한 세 종류의 각 투자전략들의 투자성과는 보유기간(T)에 따라서 다르게 되는데, 과연 동일기간에 있어서의 투자성과와 위험 간의 관계는 어떤가를 살펴보기 위해 모든 투자전략들에 대해서 동일기간(月단위)의 수익률과 표준편차를 측정하여 살펴보았다.

그리고 투자전략들의 서열을 정하는데 있어서 본 연구에서는 샤프지수(RVAR: return-to-variability)[56]를 사용하였다. 그러나

---

56) W. F. Sharpe, Mutual Fund Performance, *Journal of Business*, Jan. 1966.

똑같은 성과를 거둔 투자전략이라고 하더라도 어떠한 성과척도 (performance measure)를 적용하느냐에 따라 서열이 달라질 수가 있다. 그렇다면 어떠한 성과척도를 이용할 것인가? 그것은 평가목적에 어느 위험척도가 타당한지 그리고 포트폴리오 평정의 목적이 무엇인지에 따라 결정해야 한다. 일반적으로 샤프지수는 평가의 폭과 깊이 면에서 우월한 평가척도인 것으로 알려져 있다[57]. 따라서 본 연구에서도 다음과 같은 샤프지수(RVAR)를 측정하여 각 투자전략들의 우수성을 비교하여 판단하였다.

$$RVAR_{i,T} = \frac{R_{i,T} - R_f}{\sigma_{i,T}}$$

$RVAR_{i,T}$: i 투자전략의 월단위 RVAR
$R_{i,T}$: i 투자전략의 월단위 투자수익률
$\sigma_{i,T}$: i 투자전략의 월단위 표준편차
R_f : 월단위 무위험이자율

이 때 무위험이자율(R_f)은 1997년까지는 국민주택1종 채권수익률을 적용하였고, 그 이후부터는 3년 만기 국고채수익률을 적용하였다.

각 투자전략의 보유기간별 월 단위샤프지수(RVAR)는 월단위 차익수익률에 대해서 월단위 무위험이자율과 월단위 표준편차를 모두 일치시켜 측정하였는데, 이 측정을 위해 연간단위로 제공되고 있는 국민주택1종 채권수익률을 월별로 환산하고 또한 월별로 제공되고 있는 3년 만기 국고채수익률에 자연로그(ln)를 취한후 보유기간(T)에 해당하는 만큼의 ln(월별수익률)을 합산하여

---

57) R. Haugen, Modern Investment Theory, *Prentice-Hall*, 1986, pp.236-241.

각 보유기간별(T) 무위험이자율을 구하였으며 각 투자전략들의 월 단위 RVAR를 산출하기 위해서 각 보유기간별 무위험이자율을 다시 월단위 무위험이자율로 표준화시켜 사용하였다.

한편 보유기간이 서로 다른 투자전략들의 투자성과와 위험 간의 관계를 살펴보기 위해서 보유기간 수익률 수익률과 표준편차를 모두 월단위로 표준화시켰다. 구체적으로 월단위수익률은 보유기간수익률을 보유기간으로 나누어서 구했고, 월단위표준편차는 보유기간수익률의 표준편차를 $\sqrt{보유개월 수}$로 나누어서 구하였다[58].

이와 같이 처리한 이유는 모든 투자전략들이 보유기간이 서로 다르기 때문에 각 투자전략들이 달성한 보유기간 수익률과 표준편차 간의 관계를 보면 투자전략의 보유기간이 길어질수록 양자 간에 마치 정(+)의 관계가 존재하는 것처럼 보일 수가 있다. 따라서 투자성과와 위험 간의 정확한 관계를 파악하기 위해 모든 투자전략들의 투자성과와 위험의 기간단위를 월단위로 표준화시킨 후 일치된 월수익률과 월표준편차간의 관계를 살펴보았다.

그렇다면 각 투자전략들의 수익성과 그 원천을 검증할 때 핵심적으로 살펴본 것들을 정리하면 다음과 같다.

첫째, 역투자전략과 계속투자전략의 수익성분석시에는 과거성과 변수로서 과거 몇 개월 동안의 투자수익률 정보를 이용하고 또한 얼마동안 역투자전략 혹은 계속투자전략을 보유했을 때 투

---

58) σ_T이란 해당 투자전략의 T개월 차익수익률의 표준편차이다. $\sqrt{6}$예를 들어 σ_6은 해당 투자전략의 6개월 차익수익률의 표준편차를 보유기간 6개월의 제곱근인 로 나눈 월단위 표준편차이다. 이와 같은 방법으로 모든 투자전략의 보유기간별 차익수익률의 표준편차를 월단위로 모두 환산시켰다. 그 이유는 보유기간에 상관없이 투자전략의 위험의 크기를 서로 비교하기 위함이다.

자성과가 우수한지를 분석하였다. 또한 투자성과와 위험간의 관계를 살펴보기 위해 투자전략들의 수익률과 표준편차를 모두 월단위로 표준화시켜 이 둘 간의 관계성을 분석하였다. 아울러 여러 역투자전략 또는 계속투자전략들 중에서 샤프지수 기준으로 볼 때 최우수 투자전략이 무엇인지를 선별하였다.

둘째, 가치투자전략과 성장주투자전략의 수익성분석 시에는 분석에 사용된 가치비율이 B/P, E/P, C/P, S/P 등 4가지 종류인데, 이들 가치비율 중에서 어떤 것을 사용했을 때 가치투자전략 또는 성장주투자전략의 투자성과가 가장 우수한지를 분석하였다. 또한 각 투자전략들의 수익률과 표준편차를 모두 월단위로 표준화시켜 이 둘 간의 관계성을 분석하였다. 아울러 여러 가지 가치투자전략 또는 성장주투자전략들 중에서 샤프지수를 기준으로 볼 때 최우수투자전략이 무엇인지를 선별하였다.

셋째, 소기업투자전략과 대기업투자전략의 수익성 분석 시에는 가치비율로 무엇을 사용하고 과거성과 정보는 과거 몇 개월 주식 투자수익률 정보를 이용하며 투자전략은 포트폴리오 구성 후 미래 몇 개월 동안 보유하는 것이 투자전략의 수익성을 높이는 길인가를 분석하였다. 또한 각 투자전략들의 수익률과 표준편차를 모두 월단위로 표준화시켜 이 둘 간의 관계성을 분석하였다. 아울러 여러 가지 소기업투자전략 또는 대기업투자전략들 중에서 샤프지수 기준으로 볼 때 최우수투자전략이 무엇인지를 선별하였다.

본 연구는 위와 같은 방법으로 그간 국내외적으로 주로 유효한 것으로 제기되어 온 역투자전략(차익포트폴리오를 반대로 취하면 계속투자전략임), 가치투자전략(차익포트폴리오를 반대로

취하면 성장주투자전략임), 소기업투자전략(차익포트폴리오를 반
대로 취하면 대기업투자전략임) 등 3가지 투자전략들에 대한 투
자성과를 엄격한 변수통제 후에 측정하여 그 유효성을 검증하였
고, 각 투자전략들의 투자성과를 비교함으로써 한국주식시장에서
가장 유효한 투자전략이 무엇이며 그 가운데서도 투자기간 동안
에 부담했어야만 했던 투자위험과 투자수익률의 안정성을 모두
고려할 때 최우수투자전략은 어떤 것인지를 실증적으로 제시하
고 있다. 이를 통하여 한국주식시장에서 가치투자성과가 우수함
을 실증적으로 제시하고자 하였다.

제4장 실증분석 결과

　본 장에서는 기존 연구들과 동일한 연구방법을 한국 주식시장에 대하여 적용한 『확인적 분석결과』와 그동안 국내연구에서는 시도되지 않았던 3단계 포트폴리오 구성방법에 의한 『심화 분석결과』를 각각 정리하였다.

　확인적 분석결과에서는 크게 세 가지 종류의 분석결과를 정리하고 있다. 첫째는 과거성과(3, 6, 9, 12, 24, 36개월 주식 투자 수익률)를 기준으로 3등분으로 포트폴리오를 구성하여 역투자전략과 계속투자전략의 유효성을 분석한 것이고, 둘째는 가치비율(B/P, E/P, C/P, S/P)을 기준으로 3등분으로 포트폴리오를 구성하여 가치투자전략과 성장주투자전략의 유효성을 분석한 것이며, 셋째는 기업규모를 기준으로 3등분으로 포트폴리오를 구성하여 소기업투자전략과 대기업투자전략의 유효성을 비교분석한 결과이다.

　한편, 심화 분석결과에서는 이 책에서 새롭게 시도한 3단계 포트폴리오 구성방식에 의하여 역투자전략 대 계속투자전략, 가치투자전략 대 성장주투자전략, 소기업투자전략 대 대기업투자전략의 유효성을 검증하고 비교분석한 결과들을 정리하고 있다.

제1절 확인적 분석결과

확인적 분석에 들어가기에 앞서, 먼저 본 연구에서 통제변수로 사용된 주요 변수들 간의 상관관계와 연구에 사용된 표본의 특성을 살펴보는 것이 중요하다. 다음 상관분석표를 보면 과거 3개월, 6개월, 9개월 12개월간의 투자성과(매입보유시장조정초과수익률) 그리고 B/P, E/P, C/P, S/P 그리고 기업규모(Size)간에 상관관계가 매우 낮다는 것을 알 수 있다. 특히, B/P와 S/P는 과거성과 간에 부(−)의 상관을 보여주고 있는 반면에 E/P와 C/P는 정(+)의 상관성을 보여주고 있는 점이 다르다. 또한 기업규모(Size)도 과거성과(3, 6, 9, 12) 변수와 정(+)이지만 낮은 상관성을 보여주고 있다.

변수들 간에 상관관계가 매우 낮다는 것이 의미하는 것은 곧 각 변수들이 수익률에 서로 독립적인 영향을 미친다는 것을 의미하며, 따라서 투자성과에 독립적인 정보효과(information contents)를 지니고 있음을 의미한다.

<상관관계 분석표>

	3개월	6개월	9개월	12개월	B/P	E/P	C/P	S/P	Size
3개월	1								
6개월	0.806*	1							
9개월	0.681*	0.861*	1						
12개월	0.632*	0.780*	0.887*	1					
B/P	−0.036	−0.015	−0.002	0.005	1				
E/P	0.052	0.085***	0.094***	0.129**	0.585*	1			
C/P	0.010	0.014	0.040	0.054	0.571*	0.655*	1		
S/P	−0.057	−0.083***	−0.072***	−0.088***	0.242**	−0.011	0.397*	1	
Size	0.107***	0.122**	0.138**	0.155**	0.017	0.137**	0.025	−0.099***	1

주) *: 1내 유의 **: 5% 내 유의 ***: 10% 내 유의

위의 상관관계분석표는 1981년 말부터 2001년 말까지 해당 연도 말에 상장되어 있던 상장제조업체 5,475개를 이용하여 분석한 결과이다. 과거성과 변수로 3, 6, 9, 12개월만 나타낸 이유는 24, 36개월의 경우는 1984년도부터 측정가능하기 때문이다.

다음으로 본 연구에 사용된 5,475개의 표본기업들에 대한 기업규모에 대한 분포를 살펴보기로 한다. 규모측정결과, 표본전체의 평균기업규모는 24.76이고 표준편차는 1.32이었다. 최대 기업규모는 32.79이었고, 최소 기업규모는 20.40이었으며, 중앙값은 24.62이었다.

아래 그림은 본 연구에서 사용된 분석표본에 포함된 기업들의 전반적인 기업규모의 정도를 살펴보기 위해 히스토그램으로 나타낸 것이다. 전체적으로 정규분포를 띄고 있다. 따라서 본 연구의 투자전략의 투자성과에 소외주식이나 소형주식이 미치는 소외기업효과나 소형주효과는 그렇게 크지 않을 것이라고 추정된다.

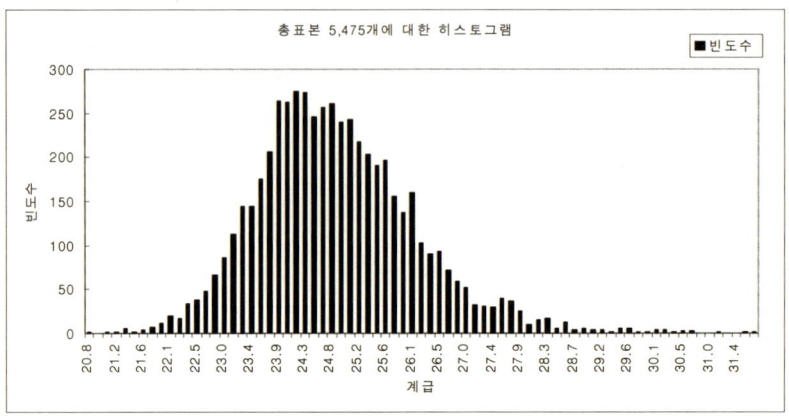

그러나 일반적으로 알고 있는 고가치비율(고B/P)기업 − 소형기업이라는 연관성을 확인하기 위해서 고가치비율군에 소형기업이 밀집해 있는가를 살펴보았다. 이를 위해 표본에 대해 B/P비율로 오름차순으로 정렬한 후 기업규모분포를 살펴보았다.

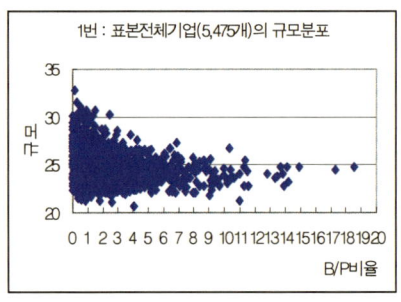

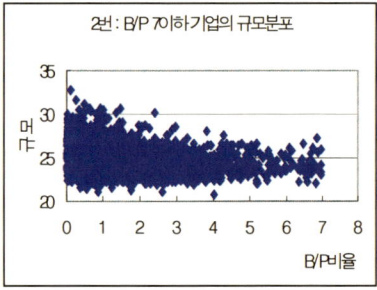

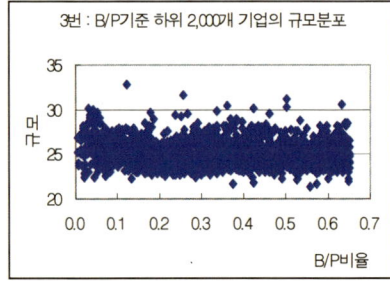

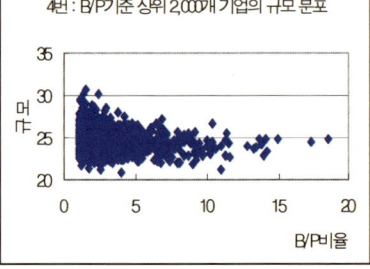

위 그림들 중에서 1번은 표본전체기업을 B/P로 오름차순 정렬한 후에 규모분포를 본 것이다. 한국주식시장의 경우 제조업체들은 대체적으로 B/P가 5 이하에 집중적으로 분포되어 있음을 알수 있다.

좀 더 자세히 살펴보기 위해 B/P가 7 이하인 표본만을 대상으로 규모분포를 나타낸 그림이 2번이며, 표본전체기업 5,475개 중에서 B/P기준으로 오름차순 정렬한 후 하위 2,000개 기업만을 대상으로 규모분포를 나타낸 것이 3번 그림이고, 상위 2,000개 기업만을 대상으로 규모분포를 나타낸 것이 4번 그림이다.

1번 그림을 보면 고B/P일수록 소기업으로 나타나고는 있지만 그러한 기업들이 표본전체에서 차지하고 있는 구성비율이 매우 작으며, 또한 2번과 3번 그림을 종합적으로 살펴볼 때 특정 B/P비율군에 소형기업들이 집중적으로 밀집해 있는 현상은 발견되지 않았다.

따라서 고가치비율군－소형주군이라는 것은 반드시 연결되지 않음을 알 수 있다. 이는 앞서 상관관계분석에서도 가치비율과 기업규모 간에 상관관계가 매우 낮게 나타난 것을 보아도 알 수 있다. 이 분석이 중요한 이유는 만일 고가치비율군－소형주군이라는 것이 성립된다면 가치투자전략의 성과는 소형주(소기업)투자전략의 성과와 구별이 불가능해지기 때문이다. 그러나 이 분석을 통하여 고가치비율군－소형군이라는 것이 반드시 성립되지는 않음을 알 수 있었으며, 따라서 가치투자전략의 성과와 소기업투자전략의 성과는 엄연히 다른 원천으로부터 발생된 것이라고 생각할 수 있다.

그러면 지금부터 기존 연구와 동일한 연구 설계방식대로 실시한 확인적 분석결과에 대해서 살펴보기로 한다.

1) 과거성과기준/3등분 분석결과(역투자전략)

이 분석은 그동안 국내외적으로 역투자전략과 계속투자전략의 유효성에 대해서 연구할 때 주로 사용하던 방법으로써 포트폴리오 구성시점을 기준으로 과거 일정기간 동안의 주식투자수익률(과거성과)을 기준으로 과거성과가 나빴던 패자주식을 매입하고 과거성과가 우수했던 승자주식을 매도하는 차익포트폴리오(역투자전략)를 구성해서 이 차익포트폴리오의 수익률의 크기와 그 통계적 유의성을 두고 역투자전략 또는 계속투자전략 중에서 어느 전략이 더 유효한 전략인지를 규명하는 것이다.

따라서 본 연구에서도 한국주식시장을 대상으로 이와 동일한 연구방법으로 1981년부터 2001년도까지 포트폴리오 구성시점인 매년 3월말시점을 기준으로 그 이전 과거 3개월, 6개월, 9개월, 12개월, 24개월, 36개월 동안 해당연도의 표본주식들의 개별적인 매입보유시장 초과수익률을 구한다음 이 값을 기준으로 오름차순정렬한 후 30%-40%-30% 비율로 나누어 각각 패자주식 포트폴리오(Loser), 보통주식 포트폴리오(Medium), 승자주식 포트폴리오(Winner)를 구성하였다. 그런 다음 최종적으로 패자주식 포트폴리오 평균수익률에서 승자주식 포트폴리오의 평균수익률을 차감하여 역투자전략의 수익률(L-W)을 산출하였다.

역투자전략의 수익률은 <표 4-1>에 제시되어 있으며 다음과 같은 시사점을 발견하였다.

첫째, 과거 3~36개월까지의 모든 포트폴리오 구성기간과 보유기간에 있어서 역투자전략의 수익률이 모두 양(＋)의 값으로 나타나 있다. 유의수준 10%이내에서 통계적으로 유의적인 것만 보더라도 총 36가지 역투자전략들 중에서 최소성과를 기록한 투자전략은 3개월 구성/12개월 보유 투자전략인데 차익수익률은 7.4%이며, 최대성과를 기록한 투자전략은 24개월 구성/36개월 보유 투자전략인데 차익수익률은 24.1%로 나타났다.

이러한 결과는 포트폴리오 구성 전 과거성과기준으로 볼 때는 패자주식이 승자주식보다 분명히 성과가 나빴지만 포트폴리오 구성 후에는 역전되었음을 의미한다. 즉, 명백한 수익률의 역전현상(return reversals)을 나타내주는 증거라고 하겠다. 이는 한국 주식시장에서는 계속투자전략보다는 역투자전략이 유효한 전략임을 시사한다. 그러나 각 보유기간 수익률의 통계적 유의성을 볼 때 거의 50%의 투자전략들의 수익률이 비유의적으로 나타난 것은 역투자전략의 신뢰성을 현저히 떨어뜨리고 있다.

<표 4-1> 과거성과기준/3등분 포트폴리오(역투자전략)

1981년부터 2001년도까지 포트폴리오 구성시점인 매년 3월말시점 이전 과거 3개월,
6개월, 9개월, 12개월, 24개월, 36개월 동안 해당연도 표본주식들의 매입보유시장 초
과수익률을 구하여 이 값을 기준으로 해당연도의 총 표본주식들을 오름차순으로 정
렬한 후 30%-40%-30% 비율로 세 개의 그룹으로 분류하여 패자주식 포트폴리오
(Loser), 보통주식 포트폴리오(Medium), 승자주식 포트폴리오(Winner)를 각각 구성
하였다. 그리고 패자주식 포트폴리오 평균수익률에서 승자주식 포트폴리오의 평균수
익률을 차감하여 역투자전략의 수익률(L-W)을 산출하였다. 다음은 세부적인 과거성
과 변수별로 21년 동안의 역투자전략의 수익률에 대한 평균, 표준편차, t값과 유의확
률을 보여주고 있다. 여기서 평균은 매입보유시장 초과수익률(BHAR, buy and
hold abnormal return)을 의미한다.

구분변수 \ 보유기간(T)		역투자전략의 수익률					
		3개월 보유	6개월 보유	9개월 보유	12개월 보유	24개월 보유	36개월 보유
과거 3개월 BHAR	평균	0.004	0.030	0.045	0.074	0.071	0.099
	표준편차	0.120	0.12	0.182	0.224	0.275	0.317
	t 값	0.166	1.064	1.136	1.513	1.186	1.426
	유의확률	0.435	0.150	0.135	0.073	0.125	0.086
과거 6개월 BHAR	평균	0.000	0.012	0.052	0.086	0.072	0.096
	표준편차	0.142	0.154	0.222	0.252	0.288	0.333
	t 값	0.007	0.358	1.075	1.574	1.151	1.324
	유의확률	0.497	0.362	0.148	0.066	0.132	0.101
과거 9개월 BHAR	평균	0.002	0.011	0.048	0.077	0.106	0.116
	표준편차	0.147	0.149	0.226	0.259	0.267	0.270
	t 값	0.059	0.350	0.977	1.363	1.820	1.968
	유의확률	0.477	0.365	0.170	0.094	0.043	0.033
과거 12개월 BHAR	평균	0.021	0.041	0.085	0.121	0.127	0.178
	표준편차	0.148	0.169	0.242	0.282	0.303	0.349
	t 값	0.659	1.116	1.607	1.972	1.908	2.325
	유의확률	0.259	0.139	0.062	0.032	0.036	0.016
과거 24개월 BHAR	평균	0.036	0.077	0.091	0.119	0.167	0.241
	표준편차	0.151	0.171	0.237	0.296	0.306	0.376
	t 값	1.079	2.070	1.769	1.849	2.506	2.935
	유의확률	0.147	0.026	0.046	0.040	0.011	0.005
과거 36개월 BHAR	평균	0.047	0.085	0.096	0.131	0.16	0.219
	표준편차	0.128	0.164	0.198	0.252	0.324	0.372
	t 값	1.665	2.379	2.224	2.376	2.300	2.705
	유의확률	0.057	0.014	0.020	0.015	0.018	0.008
전체 평균수익률		0.018	0.043	0.070	0.101	0.118	0.158
평균 표준편차		0.139	0.156	0.218	0.261	0.294	0.336

둘째, 포트폴리오 구성기준으로 사용한 과거성과 변수가 단기보다는 장기일수록 역투자전략의 수익률이 증가하는 패턴을 보여주고 있으며 통계적인 유의성도 높아지고 있다. 이는 과거성과 변수를 이용하여 포트폴리오를 구성하고 이에 기초한 역투자전략을 구사하고자 할 경우에는 가능한 한 과거의 장기 투자성과 정보(이 책의 경우 36개월 과거성과)에 기초하여 포트폴리오를 구성해야함을 보여준다.

셋째, <표 4-1>의 맨 밑줄에 나타난 보유기간별 역투자전략의 전체평균수익률과 평균 표준편차를 보면 역투자전략들의 투자성과와 위험이 보유기간이 길어짐에 따라 함께 증가하는 정(+)의 패턴을 보여주고 있다. 그러나 이와 같은 패턴은 위험이 커질수록 수익률도 커진다는 정(+)의 관계성을 의미하지 않는다. 그 이유는 각 투자전략들의 수익률을 달성하는데 필요한 보유기간(T)이 일치하지 않기 때문이다.

<표 4-2> 역투자전략의 샤프지수 측정

구분변수 \ 보유기간(T)		역투자전략의 수익률과 샤프지수					
		3개월 보유	6개월 보유	9개월 보유	12개월 보유	24개월 보유	36개월 보유
과거 3개월 BHAR	월 수익률	0.0013	0.0050	0.0050	0.0062	0.0030	0.0028
	월 표준편차	0.0693	0.0523	0.0607	0.0647	0.0561	0.0528
	RVAR	−0.1255	−0.0956	−0.0824	−0.0587	−0.1248	−0.1364
과거 6개월 BHAR	월 수익률	0.0000	0.0020	0.0058	0.0072	0.0030	0.0027
	월 표준편차	0.0820	0.0629	0.0740	0.0727	0.0588	0.0555
	RVAR	−0.1220	−0.1272	−0.0568	−0.0385	−0.1190	−0.1315
과거 9개월 BHAR	월 수익률	0.0007	0.0018	0.0053	0.0064	0.0044	0.0032
	월 표준편차	0.0849	0.0608	0.0753	0.0748	0.0545	0.0450
	RVAR	−0.1095	−0.1349	−0.0624	−0.0481	−0.1028	−0.1511
과거 12개월 BHAR	월 수익률	0.0070	0.0068	0.0094	0.0101	0.0053	0.0049
	월 표준편차	0.0854	0.0690	0.0807	0.0814	0.0618	0.0582
	RVAR	−0.0351	−0.0464	−0.0074	0.0012	−0.0761	−0.0876
과거 24개월 BHAR	월 수익률	0.0120	0.0128	0.0101	0.0099	0.0070	0.0067
	월 표준편차	0.0872	0.0698	0.0790	0.0854	0.0625	0.0627
	RVAR	0.0229	0.0401	0.0013	−0.0012	−0.0480	−0.0526
과거 36개월 BHAR	월 수익률	0.0157	0.0142	0.0107	0.0109	0.0068	0.0061
	월 표준편차	0.0739	0.0670	0.0660	0.0727	0.0661	0.0620
	RVAR	0.0771	0.0627	0.0106	0.0124	−0.0484	−0.0629

주) RVAR 계산 시 월 단위 무위험이자율(Rf)은 0.01을 적용하였다. 그 이유는 보유기간별 무위험이자율을 구한 후 다시 보유기간으로 나누어 표준화시킨 값의 평균이 0.01이었음

이를 검증하기 위해 각 투자전략들의 보유기간 수익률과 표준편차를 모두 월 단위로 표준화시켜서 월 수익률과 월 표준편차를 구해본 <표 4-2>를 보면 수익률과 표준편차 간에는 특별한 관계가 없는 것으로 나타났고 또한 이들 간의 상관계수가 0.2 이하로 매우 낮은 것으로 분석되었다.

넷째, <표 4-1>의 성과분석 결과를 토대로 볼 때 약 12% 이상의 역투자전략의 수익률을 달성하기 위해서는 포트폴리오의 구성기간과 보유기간을 각각 12개월 이상씩으로 해야만 한다는 것을 알 수 있다. 또한 <표 4-2>에서 특징적인 것은 과거성과 변수로 24개월과 36개월을 사용하고 보유기간을 9개월 이하로 할 경우의 샤프지수가 모우 양(+)으로 나타나고 있다는 점이다. 따라서 역투자전략은 9개월 이하에서 안정적으로 유효함을 시사한다. 특히 샤프지수만으로 볼 때 가장 우수한 역투자전략은 과거 36개월간의 주식 투자성과를 이용하여 포트폴리오를 구성하고 구성 후 3개월간 보유했을 경우로서 샤프지수가 0.0771로 가장 높게 나타났다.

다섯째, 과거 주식 투자 수익률이라는 1개의 변수를 이용하여 포트폴리오를 구성하는 기존 연구들의 연구방식대로 분석해 본 결과, 한국주식시장에서는 계속투자전략보다는 역투자전략이 더 우수한 전략이라는 것을 확인할 수 있었다.

2) 가치비율기준/3등분 분석결과(가치투자전략)

이 분석에서는 B/P, E/P, C/P, S/P 등 가치비율 변수를 기준으로 3등분으로 포트폴리오를 구성하여 가치투자전략의 수익률을 살펴보았다.

이를 위해 포트폴리오 구성시점인 각 연도 3월말 시점의 개별 기업들의 네 가지 가치비율을 측정하여 각 가치비율을 기준으로 내림차순으로 정렬한 후 30%-40%-30% 비율로 3등분 하여 각각 가치주포트폴리오(High), 중간주포트폴리오(Medium), 성장주포트폴리오(Low)를 구성하였다. 그리고 가치주포트폴리오의 평균수익률에서 성장주포트폴리오의 평균수익률을 차감한 차익포트폴리오, 즉 가치투자전략의 수익률(H-L)을 측정하였다.

분석 결과, 3등분 포트폴리오를 구성하여 측정한 가치투자전략의 수익률은 <표 4-3>에 제시되어 있으며 다음과 같은 시사점을 발견하였다.

첫째, 모든 가치비율과 모든 보유기간에서의 가치투자전략의 성과가 통계적으로 유의적인 양(+)의 수익률을 나타내고 있다. 또한 수익률의 통계적 유의성이 전반적으로 높은 것으로 나타나고 있다.

<표 4-3> 가치비율기준/3등분 포트폴리오(가치투자전략)

1981년부터 2001년도까지 포트폴리오 구성시점인 매년 3월말에 3월말 시점의 B/P, E/P, C/P, S/P를 기준으로 해당연도의 총 표본주식들을 내림차순으로 정렬한 후 30%-40%-30% 비율로 세 개의 그룹으로 분류하여 가치주포트폴리오(High), 중간주포트폴리오(Medium), 성장주포트폴리오(Low)를 각각 구성하였다. 그리고 가치주포트폴리오의 평균수익률에서 성장주포트폴리오의 평균수익률을 차감하여 가치투자전략의 수익률(H-L)을 산출하였다. 이 표는 네 가지 종류의 가치비율에 따라 21년 동안의 가치투자전략의 수익률에 대한 평균과 표준편차와 t값과 유의확률을 보여주고 있다. 여기서 평균은 매입보유시장 초과수익률($BHAR$: buy and hold abnormal return)을 의미한다.

구분변수 \ 보유기간(T)	3 개월 보유	6 개월 보유	9 개월 보유	12 개월 보유	24 개월 보유	36 개월 보유
B/P 평균	0.042	0.085	0.154	0.164	0.211	0.280
표준편차	0.120	0.163	0.184	0.235	0.277	0.303
t 값	1.627	2.372	3.839	3.117	3.318	3.929
유의확률	0.060	0.014	0.001	0.003	0.002	0.001
E/P 평균	0.016	0.026	0.099	0.086	0.074	0.095
표준편차	0.095	0.132	0.187	0.243	0.249	0.278
t 값	0.769	0.907	2.422	1.575	1.288	1.455
유의확률	0.226	0.188	0.013	0.066	0.107	0.082
C/P 평균	0.038	0.057	0.119	0.118	0.201	0.214
표준편차	0.111	0.166	0.221	0.210	0.282	0.231
t 값	1.570	1.585	2.471	2.515	3.109	3.936
유의확률	0.066	0.064	0.011	0.011	0.003	0.001
S/P 평균	0.038	0.076	0.105	0.117	0.166	0.195
표준편차	0.126	0.174	0.207	0.235	0.337	0.340
t 값	1.372	2.010	2.327	2.226	2.148	2.425
유의확률	0.093	0.029	0.015	0.019	0.023	0.013
전체 평균	0.035	0.065	0.114	0.131	0.183	0.217
평균 표준편차	0.115	0.165	0.203	0.231	0.289	0.279

둘째, <표 4-3>을 보면 포트폴리오를 구분하기 위해 가치비율로 B/P를 이용하고 보유기간을 12개월 이상으로 할 때 16.4%~

28% 사이의 높은 가치투자성과를 기록하는 것으로 분석되었다. 또한 <표 4-4>의 가치투자전략의 샤프지수를 보면 B/P를 구분변수로 이용했을 때 보유기간 동안의 샤프지수가 가장 높은 것을 볼 수 있다. 이는 네 가지 가치비율 중에서 B/P의 가치프리미엄(value premium) 효과가 가장 크다는 것을 시사하는 것이라고 생각된다.

셋째, 네 가지 모든 가치비율 변수에서 포트폴리오 보유기간(T)이 3개월에서 36개월로 길어질수록 가치투자전략들의 수익률이 증가하는 '상승패턴'을 일관성 있게 보여주고 있다. 그러나 이러한 결과가 반드시 가치투자전략의 수익률과 표준편차 간에 상충관계(trade-off)가 있다는 것을 의미하지 않는다. 그 이유는 각 가치투자전략들의 보유기간이 서로 다르기 때문에 동일선상에서 비교하는 것은 잘못된 결론을 낳기 때문이다. 따라서 위험 한 단위당 초과수익률 혹은 월 단위 샤프지수(RVAR)를 측정하여 비교하는 것이 보다 정확한 비교를 제공할 것이다. 이를 위해 상기 24가지의 가치투자전략들에 대한 월 단위 수익률과 월 단위 표준편차 그리고 월 단위 RVAR값을 <표 4-4>와 같이 측정하여 서로 비교하였다.

<표 4-4> 가치투자전략의 샤프지수 측정

구분변수	보유기간(T)	3 개월 보유	6 개월 보유	9 개월 보유	12 개월 보유	24 개월 보유	36 개월 보유
B/P	월 수익률	0.0140	0.0142	0.0171	0.0137	0.0088	0.0078
	월 표준편차	0.0693	0.0665	0.0613	0.0678	0.0565	0.0505
	월 RVAR	**0.0577**	**0.0626**	**0.1159**	**0.0540**	-0.0214	-0.0440
E/P	월 수익률	0.0053	0.0043	0.0110	0.0072	0.0031	0.0026
	월 표준편차	0.0548	0.0539	0.0623	0.0701	0.0508	0.0463
	월 RVAR	-0.0851	-0.1052	**0.0160**	-0.0404	-0.1361	-0.1589
C/P	월 수익률	0.0127	0.0095	0.0132	0.0098	0.0084	0.0059
	월 표준편차	0.0641	0.0678	0.0737	0.0606	0.0576	0.0385
	월 RVAR	**0.0416**	-0.0074	**0.0437**	-0.0027	-0.0282	-0.1053
S/P	월 수익률	0.0127	0.0127	0.0117	0.0098	0.0069	0.0054
	월 표준편차	0.0727	0.0710	0.0690	0.0678	0.0688	0.0567
	월 RVAR	**0.0367**	0.0375	**0.0242**	-0.0037	-0.0448	-0.0809
월 수익률의 전체평균		0.0112	0.0102	0.0133	0.0101	0.0068	0.0054
월 표준편차의 전체평균		0.0652	0.0648	0.0666	0.0666	0.0584	0.0480
월 RVAR의 전체평균		**0.012**	-0.0031	**0.0500**	**0.0018**	-0.0576	-0.0973

가치투자전략들의 보유기간 수익률을 모두 월 수익률과 월 표준편차로 환산한 후 월 수익률과 월 표준편차 간의 관계를 분석한 결과 특별한 관계를 발견할 수 없었다. 그리고 이들 투자전략 중에서 가장 우수한 전략을 선별하기 위해서 샤프지수(월 단위 RVAR)를 측정한 결과 B/P를 기준으로 포트폴리오를 구성하여 가치투자전략을 수립하여 9개월 보유할 경우의 월 단위 RVAR 값이 0.1159로 가장 높게 나타나 가장 우수한 가치투자전략임을

보여주고 있다.

  뿐만 아니라 <표 4-1>에서 보여준 역투자전략의 수익률은 총 전략수의 절반이 통계적으로 비유의적으로 나타난 반면에 <표 4-3>에 나타난 가치투자전략의 수익률은 대부분이 통계적으로 유의적으로 나타났다. 아울러 샤프지수 측면에서 <표 4-2>의 역투자전략의 샤프지수와 <표 4-4>의 가치투자전략의 샤프지수를 비교해보면 역투자전략보다는 가치투자전략의 샤프지수가 전반적으로 모든 보유기간에 걸쳐서 훨씬 더 높다는 것을 알 수 있었다.

  넷째, <표 4-4>의 가치투자전략들의 샤프지수가 대부분 양 (+)의 큰 값을 나타내고 있으며 그 중에서도 특히 B/P를 이용했을 때 가장 높은 샤프지수를 기록하고 있음을 보여주고 있다. 이는 네 가지 종류의 가치비율 중에서 B/P의 가치프리미엄 효과가 가장 크다는 것을 보여주는 결과이다.

  다섯째, [그림 4-1]을 보면 3등분 포트폴리오 구성방법에 의한 가치투자전략의 투자성과가 나타나 있는데 B/P, C/P, S/P, E/P 순서로 높게 나타나고 있다.

[그림 4-1] 가치비율별 가치투자전략의 성과비교(3등분 구성)

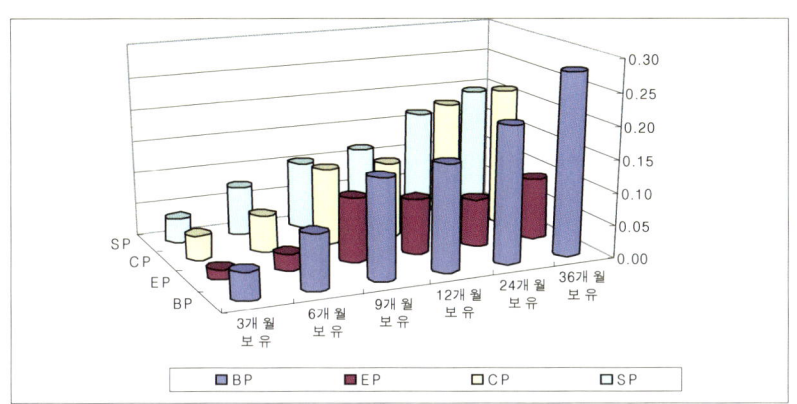

여섯째, 앞서 <표 4-1>의 분석에서 역투자전략의 수익률이 최소 10% 이상인 경우는 총 36가지 역투자전략들 중에서 11가지(31%)에 불과하였다. 그러나 <표 4-3>의 가치비율을 이용하여 3등분 포트폴리오를 구성하여 분석했을 경우 최소 10% 이상인 가치투자전략의 수가 총 24가지 투자전략 중에서 12가지(50%)나 되었다.

이상의 결과를 요약하면, 한국주식시장의 경우에는 '과거의 주식 투자성과'를 이용한 역투자전략보다는 '가치비율'을 이용한 가치투자전략(value strategy)이 더 우수한 투자전략이다. 그 중에서도 특히 가치비율로서 B/P를 이용할 때 투자성과가 가장 높게 나타났다.

3) 기업규모 기준/3등분 분석결과(소기업투자전략)

기업규모를 기준으로 해당연도의 표본종목들을 오름차순으로 정렬한 후 30%-40%-30%로 분류하여 소기업포트폴리오, 중기업 포트폴리오, 대기업포트폴리오를 1981년부터 2001년도까지 총 21 번 구성한 후 소기업 포트폴리오의 평균수익률에서 대기업 포트 폴리오의 평균수익률을 차감한 차익포트폴리오 수익률(S-B)을 연도별로 측정하여 분석전체기간(21년간) 동안 평균하였다.

<표 4-5>는 소기업투자전략의 21년간의 평균수익률을 보여주고 있다. 소기업투자전략의 투자성과가 모든 보유기간에 걸쳐서 양(+)의 수익률을 보여주었다. 그런데 보유기간을 무시했을 경우 수익률과 표준편차 간에 정(+)의 관계가 존재하는 것처럼 보이고 있다. 그러나 각기 서로 다른 보유기간수익률과 표준편차를 모두 월단위로 표준화시켜 월수익률과 월표준편차간의 관계를 분석한 결과 그러한 정(+)의 관계는 발견되지 않았다.

또한 샤프지수(월 단위 RVAR)를 측정해본 결과 기업규모를 이용하여 포트폴리오를 구성한 후 소기업투자전략(S-B)을 구사하고자 할 때 보유기간을 12개월로 했을 경우의 샤프지수가 0.0509로서 가장 높은 것으로 나타났다.

<표 4-5> 기업규모 기준/3등분 포트폴리오(소기업투자전략)

1981년부터 2001년도까지 포트폴리오 구성시점인 매년 3월말에 3월말 시점의 기업규모(자기자본의 시장가치에 자연로그를 취한 값)를 기준으로 오름차순으로 정렬한 후 해당연도의 총 표본주식들을 30%-40%-30% 비율로 세 개의 그룹으로 분류하여 소기업 포트폴리오(Small), 중기업 포트폴리오(Medium), 대기업 포트폴리오(Big)를 각각 구성하였다. 그리고 소기업 포트폴리오의 평균수익률에서 대기업 포트폴리오의 평균수익률을 차감하여 소기업투자전략의 수익률(S-B)을 산출하였다. 이 표는 기업규모에 따라 21년 동안의 소기업투자전략의 수익률에 대한 평균과 표준편차와 t값과 유의확률을 보여주고 있다. 여기서 수익률은 보유기간 동안의 매입보유시장 초과수익률($BHAR$: buy and hold abnormal return)을 의미한다.

구분변수 \ 보유기간(T)	3 개월 보유	6 개월 보유	9 개월 보유	12 개월 보유	24 개월 보유	36 개월 보유
수익률	0.025	0.068	0.073	0.163	0.235	0.270
표준편차	0.112	0.176	0.200	0.245	0.262	0.241
t값	1.019	1.780	1.679	2.977	3.903	4.747
기업규모 **유의확률**	0.160	0.045	0.054	0.004	0.001	0.000
월 단위 수익률	0.0083	0.0113	0.0081	0.0136	0.0098	0.0075
월 단위 표준편차	0.0647	0.0719	0.0667	0.0707	0.0535	0.0402
월 단위 RVAR	-1.4173	0.0181	-0.0285	0.0509	-0.0037	-0.0622

주) RVAR 측정 시 월 단위 무위험이자율(Rf)은 0.01을 적용하였음.

4) 요약정리

확인적 분석 결과, 한국주식시장에서는 역투자전략과 가치투자전략 그리고 소기업투자전략이 모두 유효한 전략인 것으로 분석되었다. 즉, 이러한 투자전략들은 상호 배타적인 현상이 아니라 서로 공존하는 현상임을 의미한다.

또한 세 종류 투자전략 간의 투자성과의 크기를 비교한다면 가치투자전략, 역투자전략, 소기업투자전략 순으로 크게 나타났

다. 그리고 역투자전략의 경우는 가능한 한 장기 과거성과 자료
(이 책에서는 36개월)에 근거하여 포트폴리오를 구성하여야 역
투자이익이 가장 높고, 가치투자전략의 경우는 B/P, E/P, C/P,
S/P 가운데서 특히 B/P에 근거하여 포트폴리오를 구성하여야
가치투자이익이 가장 높으며, 소기업투자전략의 경우는 보유기간
을 12개월로 하는 것이 소기업투자이익을 가장 높이는 것으로
분석되었다.

제2절 심화 분석결과

본 절에서는 앞서 1개 변수를 기준으로 포트폴리오를 구성하여
투자전략을 연구한 확인적 분석에서와는 달리 3개 변수를 동시에
이용하여 3 단계로 세 그룹씩 표본기업들을 분류하여 연도별로 최
종단계에서 27개의 포트폴리오를 구성하고 이에 근거하여 다시
역투자전략, 가치투자전략, 그리고 소기업투자전략을 형성하는 방
법으로 투자전략을 분석하였다. 본 심화분석결과에서 이루어진 분
석을 도표로 표현하면 [그림 4-2]와 같다.

[그림 4-2] 심화분석에서 실시된 72가지 포트폴리오 구성방법

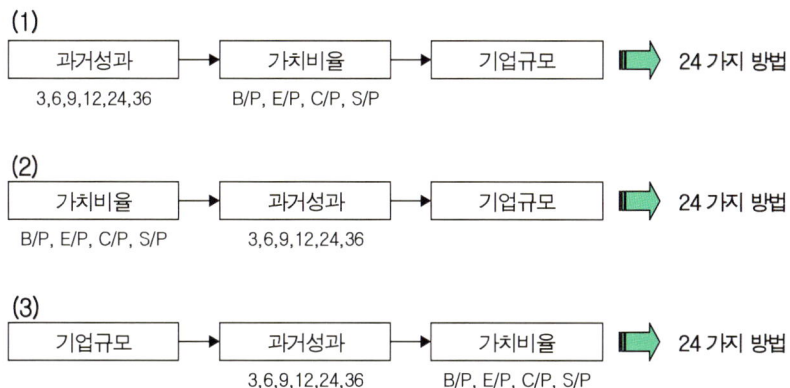

1) 과거성과→가치비율→기업규모 구성순서에 의한 분석 결과

해당연도의 표본종목들을 1차로 '과거성과(포트폴리오 구성 전 개별종목들의 과거 3, 6, 9, 12, 24, 36개월간 매입보유시장 초과수익률)'를 기준으로 오름차순으로 정렬한 후 30%-40%-30% 비율로 각각 패자포트폴리오(Loser), 보통포트폴리오(Medium), 승자포트폴리오(Winner)로 3등분 하였다. 그리고 2차로 이 3개의 하위포트폴리오에 각각에 대해 다시 '가치비율(B/P, E/P, C/P, S/P)'을 기준으로 내림차순으로 정렬하여 30%-40%-30% 비율로 각각 가치주포트폴리오(High), 중간주포트폴리오(Medium), 성장주포트폴리오(Low)로 3등분 하였다. 마지막 3차로 방금 만들어진 9개의 하위포트폴리오에 대해 다시 '기업규모(개별기업의 자기자본의 시장가치에 자연로그를 취한 값)'를 기준으로 오름차순으로 정렬한 후 30%-40%-30% 비율로 각각 소기업포트폴리오(Small), 중기업포트폴리오(Medium), 대기업포트폴리오(Big)로 3

등분 하였다. 이러한 세 단계를 거쳐서 최종단계에서는 서로 다른 27개의 포트폴리오를 구성하였다.

그런 다음 <표 3-4>, <표 3-5>, <표 3-6>에 제시된 '투자전략별 투자 수익률 측정식'에 근거하여 1981년부터 2001년도까지 연도별 역투자전략의 수익률($Cy(T)$), 연도별 가치투자전략의 수익률($Vy(T)$), 연도별 소기업투자전략의 수익률($Sy(T)$)을 측정하였다. 그리고 마지막으로 각 연도별로 측정한 $Cy(T)$, $Vy(T)$, $Sy(T)$ 자료를 본 연구의 분석전체기간 동안 평균하여 본 심화분석에서 검증하고자 하는 투자전략들의 전체적인 평균성과로서 각각 $C(T)$, $V(T)$, $S(T)$로 표기하였다.

① **3개월 과거성과**→가치비율→기업규모 순서로 구성

<표 4-6>에 의하면 이와 같은 방법으로 포트폴리오를 구성한다면 세 종류 투자전략들의 투자성과가 모두 통계적으로 유의적인 양($+$)의 수익률을 기록하는 것으로 나타났다. 즉, 세 종류 투자전략들이 모두 유효함을 의미한다.

또한 [그림 4-3]의 막대도표에 의하면 세 종류 투자전략들이 모두 유효하기는 하지만 성과의 크기 면에서 가치투자전략(V)과 소기업투자전략(S)은 매우 큰데 반하여 역투자전략은 매우 저조하다. 가치투자전략과 소기업투자전략의 차이점을 살펴보면 전자는 B/P일 때 그리고 후자는 E/P일 때 가장 높은 투자성과를 기록하고 있다.

한편, 세 종류 투자전략들의 보유기간 투자성과인 $C(T)$, $V(T)$, $S(T)$는 T가 서로 다르기 때문에 직접적으로 비교할 수가 없다.

즉, 서로 다른 T기간을 동일기간으로 표준화시켜서 비교해야 한다. 이를 위해 각 투자전략들의 보유기간수익률과 표준편차를 월(月) 단위로 표준화시켰다. 그리고 월 단위 무위험이자율을 적용하여 샤프지수(월 단위 RVAR)도 측정하였다. RVAR를 살펴보면 전반적으로 가치비율에 관계없이 가치투자전략(V)이 우수하며, 그중에서도 가치투자전략(V)을 9개월간 보유한 V(9)의 RVAR가 0.112로써 최우수투자전략인 것으로 나타났다.

<표 4-6> 3개월 과거성과→가치비율→기업규모

성과＼2단계	3개월 보유			6개월 보유			9개월 보유		
	C(3)	V(3)	S(3)	C(6)	V(6)	S(6)	C(9)	V(9)	S(9)
B/P	0.005	0.037**	0.034**	0.030	0.080**	0.064**	0.047***	0.143*	0.041*
	(0.196)	(1.723)	(1.765)	(1.099)	(2.492)	(1.925)	(1.209)	(4.137)	(1.161)
	-0.126	**0.041**	**0.026**	-0.098	**0.056**	**0.011**	-0.080	**0.112**	-0.100
E/P	0.001	0.009	0.041**	0.027	0.030	0.066**	0.039	0.096*	0.134***
	(0.041)	(0.582)	(2.035)	(0.971)	(1.138)	(1.915)	(1.039)	(2.543)	(1.618)
	-0.143	-0.162	**0.067**	-0.107	-0.102	**0.015**	-0.098	**0.011**	**0.083**
C/P	0.003	0.039**	0.038**	0.026	0.056***	0.073**	0.042	0.121*	0.052***
	(0.100)	(1.751)	(1.876)	(0.954)	(1.684)	(2.088)	(1.064)	(2.787)	(1.336)
	-0.131	**0.050**	**0.050**	-0.109	-0.011	**0.033**	-0.089	**0.052**	-0.071
S/P	0.005	0.034***	0.029	0.031	0.076**	0.060**	0.044	0.102*	0.049
	(0.209)	(1.347)	(1.302)	(1.123)	(2.120)	(1.809)	(1.123)	(2.560)	(1.318)
	-0.124	**0.020**	-0.006	-0.093	**0.040**	**0.000**	-0.085	**0.022**	-0.079

성과＼2단계	12개월 보유			24개월 보유			36개월 보유		
	C(12)	V(12)	S(12)	C(24)	V(24)	S(24)	C(36)	V(36)	S(36)
B/P	0.077***	0.148*	0.128*	0.081***	0.195*	0.197*	0.120**	0.240*	0.218*
	(1.626)	(3.533)	(3.050)	(1.419)	(4.017)	(3.705)	(1.830)	(4.850)	(4.209)
	-0.057	**0.042**	**0.012**	-0.123	-0.041	-0.036	-0.133	-0.088	-0.099
E/P	0.059***	0.126**	0.203*	0.059	0.126**	0.203*	0.083***	0.173*	0.220*
	(1.369)	(2.006)	(3.011)	(1.026)	(2.303)	(3.934)	(1.333)	(2.827)	(5.144)
	-0.088	**0.008**	**0.117**	-0.141	-0.093	-0.032	-0.162	-0.111	-0.119
C/P	0.071***	0.115*	0.137*	0.069	0.197*	0.212*	0.100***	0.202*	0.212*
	(1.518)	(2.912)	(2.931)	(1.188)	(3.775)	(3.761)	(1.489)	(4.859)	(5.025)
	-0.065	-0.008	**0.023**	-0.132	-0.037	-0.022	-0.140	-0.138	-0.127
S/P	0.070***	0.105**	0.137*	0.071	0.163*	0.193*	0.098***	0.194*	0.223*
	(1.480)	(2.308)	(3.078)	(1.242)	(2.643)	(3.674)	(1.449)	(3.119)	(4.526)
	-0.067	-0.021	**0.024**	-0.131	-0.056	-0.040	-0.141	-0.097	-0.101

( )은 t통계량이며 세 번째 행의 수치는 월 단위 RVAR임.

*: 1% 내 유의, **: 5% 내 유의, ***: 10% 내 유의 (**이것은 이하 모든 표에서 동일하게 적용됨**)

C: 역투자전략의 수익률(Loser 포트폴리오 수익률-Winner 포트폴리오 수익률)

V: 가치투자전략의 수익률(High 포트폴리오 수익률-Low 포트폴리오 수익률)

S: 소기업투자전략의 수익률(Small 포트폴리오 수익률-Big 포트폴리오 수익률)

　또한, 각 투자전략들의 투자성과는 어떤 가치비율을 사용했느냐에 따라 성과가 변동할 수 있다. 즉, 가치비율에 따른 각 투자전략들의 투자성과의 변화정도 즉, 성과달성의 안정도를 비교하는 것이 매우 중요하다. [그림 4-3]의 선도표에는 가치비율이 달라질 경우 각 투자전략들의 성과의 변화가 나타나 있다.

[그림 4-3] 3개월 과거성과→가치비율→기업규모[1]

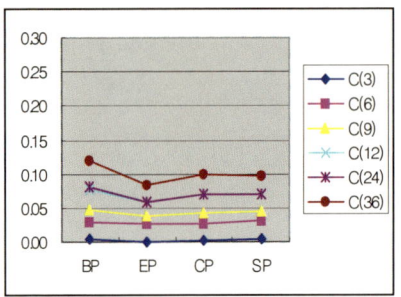
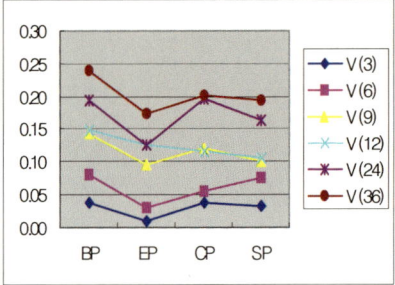

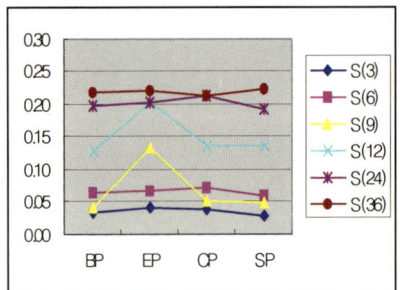
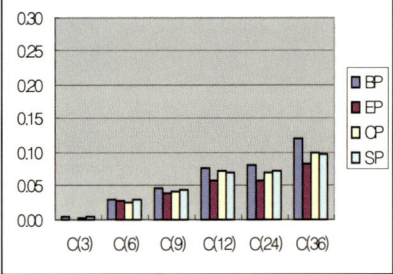

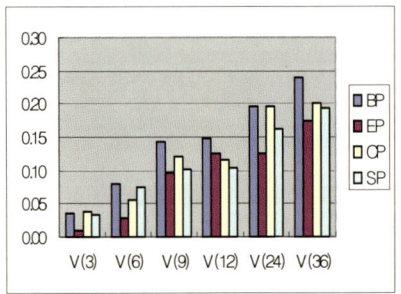
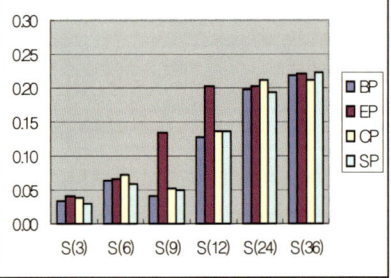

역투자전략(C)의 수익률은 가치비율기준이 달라지더라도 안정성을 띄고 있으나, 가치투자전략(V)과 소기업투자전략(S)의 수익률은 다소 불안정성을 띄고 있다.

요약하면, 이러한 포트폴리오 구성방법으로 합리적인 포트폴리오식 투자를 하고자 할 때에는 가치투자전략(V)은 9개월 보유(B/P기준), 소기업투자전략(S)은 12개월을 보유(E/P기준)하는 것이 가장 이상적이다.

② **6개월 과거성과**→가치비율→기업규모 순서로 구성

<표 4-7>에 의하면 이와 같이 포트폴리오를 구성할 때에는 3, 6, 9, 24개월 보유할 때의 역투자전략(C)만을 제외하고 나머지 모든 투자전략들의 성과는 통계적으로 유의적인 양(+)으로 나타났다. 즉, 이와 같은 방법으로 포트폴리오를 구성할 때에는 역투자전략이 비유효한 투자전략임을 시사한다.

<표 4-7> 6개월 과거성과→가치비율→기업규모

성과\2단계	3개월 보유			6개월 보유			9개월 보유		
	C(3)	V(3)	S(3)	C(6)	V(6)	S(6)	C(9)	V(9)	S(9)
B/P	-0.002	0.038**	0.032**	0.009	0.078*	0.059**	0.051	0.128*	0.037
	(-0.070)	(1.958)	(1.750)	(0.280)	(2.668)	(1.771)	(1.076)	(3.826)	(0.966)
	-0.132	0.052	0.014	-0.137	0.055	-0.003	-0.060	0.083	-0.102
E/P	-0.001	0.017	0.038**	0.010	0.029	0.068**	0.050	0.098*	0.058***
	(-0.042)	(1.001)	(2.377)	(0.306)	(1.200)	(1.973)	(1.066)	(3.070)	(1.450)
	-0.130	-0.099	0.064	-0.136	-0.112	0.021	-0.062	0.018	-0.058
C/P	-0.003	0.039**	0.041**	0.007	0.057**	0.074**	0.047	0.116*	0.059***
	(-0.106)	(1.743)	(2.306)	(0.219)	(1.732)	(2.188)	(0.995)	(2.629)	(1.620)
	-0.137	0.051	0.078	-0.142	-0.008	0.037	-0.066	0.043	-0.062
S/P	0.000	0.036***	0.029***	0.012	0.073**	0.055**	0.052	0.095*	0.036
	(0.004)	(1.517)	(1.598)	(0.365)	(2.117)	(1.780)	(1.089)	(2.646)	(0.939)
	-0.126	0.032	-0.007	-0.129	0.034	-0.014	-0.058	0.010	-0.103

성과\2단계	12개월 보유			24개월 보유			36개월 보유		
	C(12)	V(12)	S(12)	C(24)	V(24)	S(24)	C(36)	V(36)	S(36)
B/P	0.083***	0.135*	0.125*	0.072	0.192*	0.194*	0.100***	0.252*	0.220*
	(1.574)	(3.224)	(2.596)	(1.212)	(3.710)	(3.512)	(1.430)	(3.944)	(4.509)
	-0.044	0.023	0.007	-0.126	-0.041	-0.037	-0.136	-0.061	-0.104
E/P	0.085***	0.082**	0.138*	0.075	0.081***	0.218*	0.103***	0.070***	0.259*
	(1.607)	(2.447)	(2.706)	(1.254)	(1.690)	(3.730)	(1.504)	(1.387)	(4.833)
	-0.042	-0.072	0.022	-0.122	-0.148	-0.017	-0.137	-0.208	-0.069
C/P	0.081***	0.110*	0.143*	0.067	0.195*	0.224*	0.100***	0.205*	0.258*
	(1.528)	(2.856)	(3.016)	(1.135)	(3.637)	(4.150)	(1.465)	(4.883)	(4.839)
	-0.046	-0.016	0.031	-0.130	-0.037	-0.013	-0.138	-0.134	-0.069
S/P	0.084***	0.106**	0.128*	0.074	0.169*	0.192*	0.101***	0.192*	0.227*
	(1.581)	(2.452)	(2.782)	(1.247)	(2.812)	(3.735)	(1.449)	(3.211)	(4.330)
	-0.043	-0.020	0.011	-0.124	-0.053	-0.046	-0.135	-0.102	-0.092

그리고 각 투자전략들의 월 단위 RVAR값을 살펴보면, 소기업 투자전략(S)도 양(＋)의 수치가 나타나고는 있으나 가치투자전략 (V)이 훨씬 더 많은 양(＋)의 수치를 보이고 있을 뿐만 아니라

모든 보유기간에 있어서 전반적으로 가장 높은 RVAR값을 나타
내고 있어 세 종류 투자전략들 중에서 가치투자전략이 가장 우
수하며, 그 중에서 가치투자전략을 9개월 보유(B/P기준)할 경우
인 V(9)의 샤프지수가 0.083으로써 최우수투자전략이다.

　또한 [그림 4-4]의 막대도표에 의하면 전반적으로 가치투자전
략과 소기업투자전략의 성과가 높았고 역투자전략은 저조한 것
을 확인할 수 있다. 특히 가치투자전략의 경우에는 B/P를 가치
비율로 사용했을 때 그리고 소기업투자전략은 E/P나 C/P를 사
용했을 때 투자성과가 가장 큰 것으로 나타나 차이를 보였다. 한
편, 각 투자전략들이 제시하고 있는 투자성과의 변동정도를 나타
내는 안정성을 비교하기 위해 [그림 4-4]의 선도표를 보면 역투
자전략과 소기업투자전략의 성과는 안정적인 반면에 가치투자전
략의 성과는 매우 불안정한 모습을 띠고 있다.

　따라서 이와 같은 방법으로 포트폴리오를 구성할 경우에는 9
개월 이하 단기 보유할 경우에는 가치투자전략(V)이 유리하고,
12개월 이상 장기 보유할 경우에는 소기업투자전략(S)이 유리한
전략인 것을 알 수 있다.

[그림 4-4] 6개월 과거성과→가치비율→기업규모

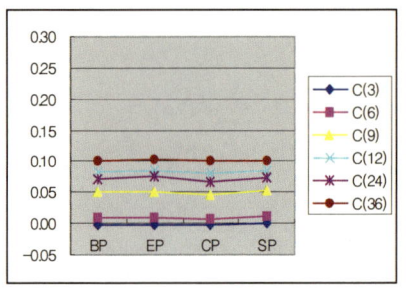
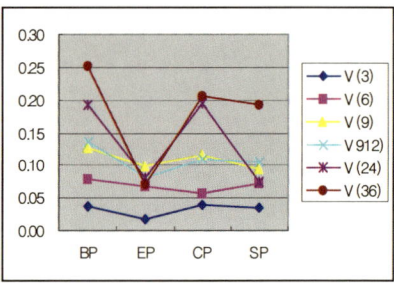

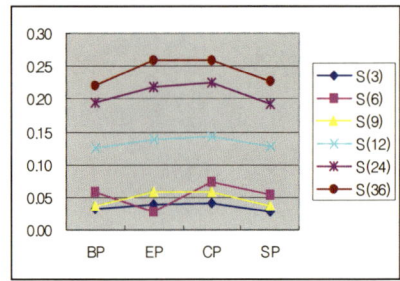
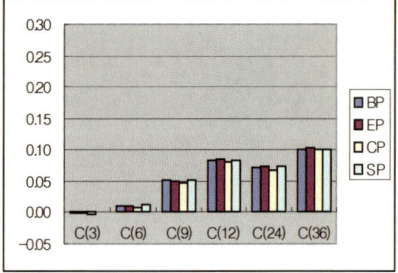

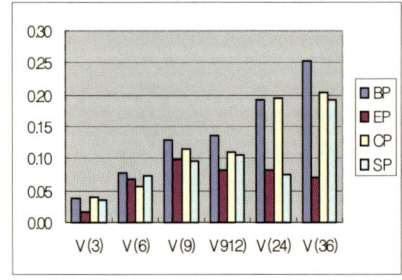
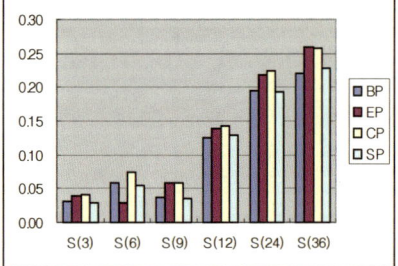

③ **9개월 과거성과**→가치비율→기업규모 순서로 구성

<표 4-8>에 의하면 이와 같은 방법으로 포트폴리오를 구성한

다면 3, 6, 9개월 보유할 때의 역투자전략만을 제외하고 나머지 가치투자전략과 소기업투자전략들의 성과는 모두 통계적으로 유의적인 양(+)의 수익률을 기록하는 것으로 나타났다.

<표 4-8> 9개월 과거성과→가치비율→기업규모

성과\2단계	3개월 보유			6개월 보유			9개월 보유		
	C(3)	V(3)	S(3)	C(6)	V(6)	S(6)	C(9)	V(9)	S(9)
B/P	0.002 (0.049) -0.115	0.043** (2.020) **0.077**	0.029** (1.632) -0.007	0.017 (0.531) -0.121	0.084* (2.762) **0.070**	0.056*** (1.612) -0.101	0.054 (1.157) -0.056	0.132* (3.893) **0.090**	0.030 (0.792) -0.114
E/P	0.001 (0.038) -0.118	0.010 (0.641) -0.163	0.035** (2.242) **0.041**	0.019 (0.582) -0.113	0.020 (0.848) -0.150	0.058*** (1.706) -0.005	0.054 (1.132) -0.055	0.093* (2.993) **0.007**	0.036 (0.944) -0.104
C/P	0.000 (0.015) -0.121	0.041*** (1.699) **0.058**	0.040** (2.399) **0.075**	0.016 (0.513) -0.123	0.063** (1.809) **0.008**	0.070** (2.193) **0.028**	0.052 (1.099) -0.058	0.125* (2.775) **0.056**	0.053*** (1.593) -0.081
S/P	0.002 (0.073) -0.114	0.040*** (1.712) **0.053**	0.026*** (1.584) -0.030	0.017 (0.521) -0.119	0.077** (2.229) **0.044**	0.048*** (1.509) **0.034**	0.055 (1.147) -0.054	0.102* (2.840) **0.024**	0.022 (0.610) -0.139

성과\2단계	12개월 보유			24개월 보유			36개월 보유		
	C(12)	V(12)	S(12)	C(24)	V(24)	S(24)	C(36)	V(36)	S(36)
B/P	0.083*** (1.562) -0.044	0.134* (3.098) **0.020**	0.114** (2.320) -0.008	0.113** (2.128) -0.106	0.188* (3.545) -0.044	0.169* (3.108) -0.058	0.139* (2.528) -0.146	0.236* (3.841) -0.073	0.187* (3.915) -0.260
E/P	0.083*** (1.520) -0.043	0.088** (1.993) -0.046	0.109** (2.289) -0.015	0.110** (1.981) -0.104	0.089** (1.914) -0.144	0.194* (3.611) -0.038	0.132** (2.304) -0.144	0.099** (2.120) -0.203	0.235* (4.565) -0.088
C/P	0.080*** (1.481) -0.047	0.120* (2.852) **0.000**	0.138* (3.042) **0.025**	0.105** (1.945) -0.112	0.190* (3.530) -0.041	0.224* (3.982) -0.013	0.131** (2.312) -0.147	0.207* (4.737) -0.127	0.261* (4.919) -0.068
S/P	0.081*** (1.502) -0.045	0.102* (2.588) -0.029	0.102** (2.274) -0.025	0.108** (2.002) -0.061	0.166* (2.686) -0.058	0.159* (3.074) -0.069	0.129** (2.302) -0.150	0.177* (3.003) -0.113	0.171* (3.56) -0.143

그리고 월 단위 RVAR값을 살펴보면, 전반적으로 가치투자전략의 수치가 높으며, 그중에서도 V(9)일 때 0.090으로써 가장 높아 최우수투자전략인 것으로 나타났다. 또한 소기업투자전략의 경우도 가치비율로 C/P를 사용한다면 S(3)일 때 0.075로써 우수한 전략임을 보여주고 있다.

또한 [그림 4-5]의 막대도표에 의하면 역투자전략의 성과가 매우 낮게 나타난 반면에 가치투자전략이나 소기업투자전략은 상대적으로 성과가 높게 나타났다.

특히 가치투자전략은 가치비율로 B/P를 사용했을 때 그리고 소기업투자전략은 C/P를 사용했을 때 성과가 가장 높은 것으로 나타났다. 또한 선도표를 보면 역투자전략의 경우는 성과달성이 안정적인 반면에 가치투자전략과 소기업투자전략은 매우 불안정한 것을 알 수 있다.

[그림 4-5] 9개월 과거성과→가치비율→기업규모

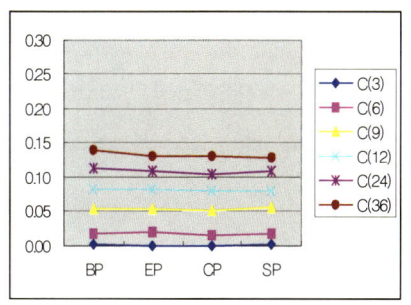
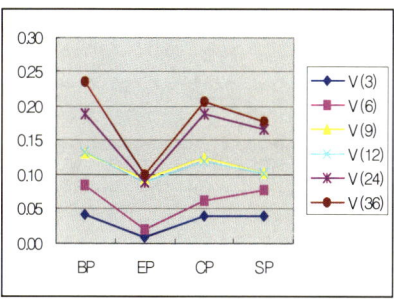

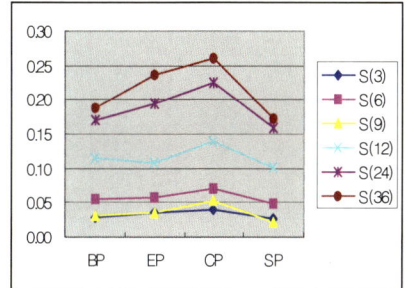
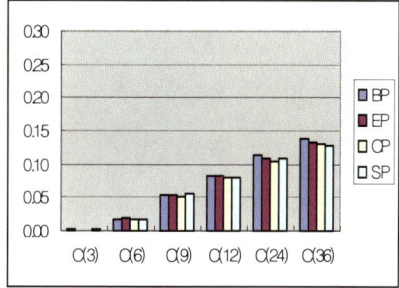

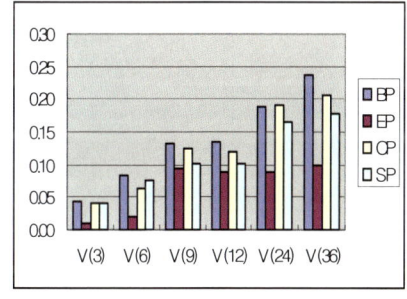
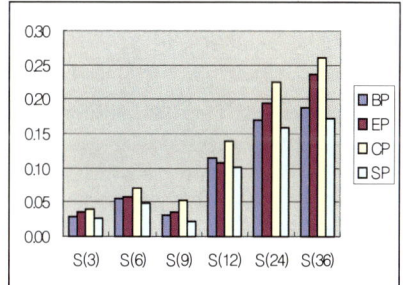

④ **12개월 과거성과**→가치비율→기업규모 순서로 구성

<표 4-9>에 의하면 이러한 방법으로 포트폴리오를 구성한다면 3, 6개월 보유의 역투자전략만을 제외한 나머지 모든 투자전

략들의 성과는 통계적으로 유의적인 양(+)의 수익률을 기록하는 것으로 나타났다.

<표 4-9> 12개월 과거성과→가치비율→기업규모

성과 / 2단계	3개월 보유			6개월 보유			9개월 보유		
	C(3)	V(3)	S(3)	C(6)	V(6)	S(6)	C(9)	V(9)	S(9)
B/P	0.018 (0.595) -0.049	0.037** (1.794) **0.043**	0.026*** (1.559) -0.030	0.031 (0.855) -0.071	0.076* (2.540) **0.048**	0.057** (1.826) -0.009	0.075*** (1.458) -0.021	0.118* (3.360) **0.058**	0.034 (1.002) -0.119
E/P	0.022 (0.690) -0.032	0.025*** (1.628) -0.041	0.028** (1.880) -0.017	0.043 (1.213) -0.043	0.040*** (1.643) -0.074	0.051*** (1.636) -0.026	0.086*** (1.693) -0.006	0.113* (3.307) **0.049**	0.021 (0.592) -0.144
C/P	0.010 (1.051) -0.275	0.002 (0.399) -0.703	0.011*** (1.536) -0.332	0.011 (0.896) -0.357	0.004 (0.549) -0.672	0.015** (1.775) -0.483	0.025 (1.224) -0.236	0.011 (0.950) -0.506	0.017** (2.111) -0.658
S/P	0.008 (0.905) -0.302	0.002 (0.498) -0.703	0.010*** (1.442) -0.350	0.014 (1.149) -0.341	0.008 (1.149) -0.643	0.016** (1.831) -0.461	0.034** (2.007) -0.242	0.018** (2.047) -0.615	0.018** (2.210) -0.649
성과 / 2단계	12개월 보유			24개월 보유			36개월 보유		
	C(12)	V(12)	S(12)	C(24)	V(24)	S(24)	C(36)	V(36)	S(36)
B/P	0.116** (1.951) -0.004	0.119* (2.708) -0.001	0.116* (2.548) -0.006	0.128** (2.015) -0.078	0.184* (3.494) -0.047	0.167* (3.287) -0.064	0.141** (1.985) -0.112	0.242* (4.082) -0.073	0.202* (4.630) -0.132
E/P	0.122** (2.025) **0.002**	0.127* (2.913) **0.010**	0.097** (2.229) -0.033	0.126** (1.970) -0.080	0.107** (2.240) -0.125	0.192* (3.740) -0.042	0.181** (2.451) -0.088	0.082*** (1.372) -0.170	0.215* (4.346) -0.107
C/P	0.011 (0.489) -0.315	0.002 (0.251) -0.774	0.002 (0.166) -0.695	-0.002 (-0.041) -0.276	-0.011 (-0.506) -0.512	0.024 (1.258) -0.513	0.005 (0.111) -0.313	-0.017 (-0.707) -0.576	0.029 (1.277) -0.525
S/P	0.017 (0.888) -0.338	0.006 (0.738) -0.866	0.003 (0.260) -0.751	0.019 (0.687) -0.350	0.006 (0.555) -0.919	0.026*** (1.477) -0.539	0.022 (0.633) -0.359	0.005 (0.445) -1.507	0.096*** (1.496) -0.458

  그리고 이러한 방법으로 포트폴리오를 구성할 경우에는 반드시 가치비율로 B/P나 E/P를 사용해야 함을 알 수 있다. 하지만 투자성과의 크기와 안정성 모두를 고려한다고 할 때 가치비율로 B/P를 사용한 가치투자전략 이나 소기업투자전략이 가장 유리한 전략이라고 판단된다.

  한편, [그림 4-6]의 막대도표를 보면 세 종류 투자전략들 모두 가치비율을 B/P와 E/P를 사용할 경우에만 투자성과의 크기가 크고 C/P와 S/P를 사용했을 경우에는 매우 저조한 것으로 나타났다. 아울러 선도표를 보면 세 종류 투자전략들의 성과가 모두 불안정성을 띄고 있다.

[그림 4-6> 12개월 과거성과→가치비율→기업규모]

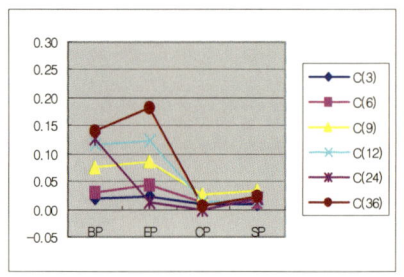
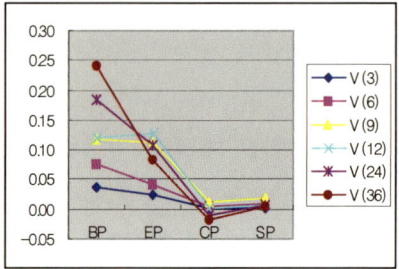
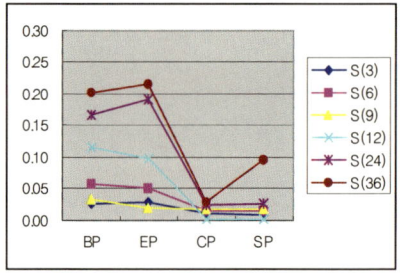
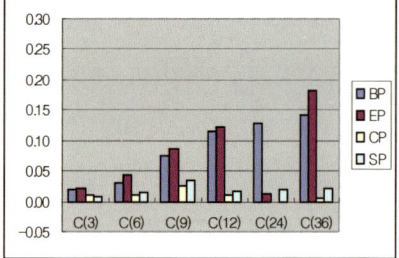
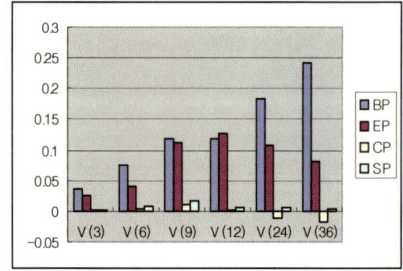
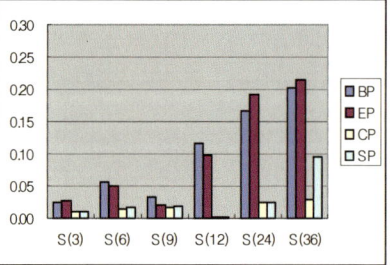

　　가치투자전략 중에서도 V(9)의 RVAR가 0.058로써 가장 높아 최우수투자전략으로 나타났다.

⑤ **24개월 과거성과**→가치비율→기업규모 순서로 구성

<표 4-10>에 의하면 이러한 방법으로 포트폴리오를 구성한다
면 3개월 보유의 역투자전략만을 제외한 나머지 모든 투자전략
들의 성과는 통계적으로 유의적인 양(+)의 수익률을 기록하는
것으로 나타났다.

<표 4-10> 24개월 과거성과→가치비율→기업규모

성과\2단계	3개월 보유			6개월 보유			9개월 보유		
	C(3)	V(3)	S(3)	C(6)	V(6)	S(6)	C(9)	V(9)	S(9)
B/P	0.036 (1.106) 0.024	0.034*** (1.695) 0.026	0.024 (1.299) -0.194	0.079** (2.140) 0.047	0.069** (2.418) 0.029	0.047*** (1.337) -0.034	0.094** (1.844) 0.006	0.117* (3.670) 0.063	0.017 (0.459) -0.146
E/P	0.038 (1.148) 0.032	-0.004 (-0.183) -0.187	0.022 (1.313) -0.062	0.080** (2.177) 0.050	0.009 (0.280) -0.139	0.045 (1.305) -0.040	0.093** (1.822) 0.004	0.067*** (1.642) -0.042	0.029 (0.788) -0.124
C/P	0.037 (1.131) 0.027	0.039*** (1.581) 0.047	0.021 (1.212) -0.067	0.080** (2.151) 0.049	0.054*** (1.501) -0.015	0.044 (1.319) -0.044	0.093** (1.809) 0.004	0.100** (2.021) 0.015	0.026 (0.743) -0.134
S/P	0.033 (1.024) 0.012	0.036*** (1.493) 0.032	0.013 (0.640) -0.108	0.076** (2.004) 0.038	0.071** (2.118) 0.032	0.038 (1.109) -0.058	0.082*** (1.544) -0.011	0.088** (2.389) -0.004	0.033 (0.847) -0.110
성과\2단계	12개월 보유			24개월 보유			36개월 보유		
	C(12)	V(12)	S(12)	C(24)	V(24)	S(24)	C(36)	V(36)	S(36)
B/P	0.123** (1.922) 0.003	0.123** (3.005) 0.005	0.094** (1.976) -0.035	0.172* (2.660) -0.048	0.158* (3.294) -0.078	0.149* (2.762) -0.077	0.252* (3.141) -0.050	0.196* (3.672) -0.114	0.177* (3.399) -0.131
E/P	0.123** (1.919) 0.003	0.060 (1.164) -0.075	0.095** (1.999) -0.034	0.174* (2.573) -0.150	0.077*** (2.043) -0.142	0.171* (3.718) -0.057	0.248* (2.993) -0.050	0.117** (2.043) -0.158	0.196* (3.718) -0.116
C/P	0.118** (1.858) -0.002	0.094** (2.207) -0.040	0.115* (2.648) -0.007	0.170* (2.597) -0.049	0.163* (2.819) -0.061	0.165* (3.030) -0.063	0.226* (3.075) -0.065	0.150* (3.813) -0.199	0.188* (3.833) -0.131
S/P	0.111*** (1.710) -0.009	0.090** (2.353) -0.051	0.111** (2.435) -0.013	0.161** (2.428) -0.054	0.148** (2.493) -0.071	0.156* (2.815) -0.069	0.222* (2.703) -0.063	0.137* (2.425) -0.147	0.159* (3.274) -0.154

그리고 세 종류 투자전략들의 월 단위 RVAR값을 살펴보면 역투자전략과 가치투자전략의 경우가 양(+)의 수치를 많이 나타내고 있는데 역투자전략의 경우는 해당 보유기간 수익률이 비유의적인 경우가 많다. 따라서 가치투자전략이 더 우수하다고 볼 수 있으며, 그 중에서도 V(9)의 RVAR수치가 0.063으로 최고를 나타내 최우수투자전략으로 나타났다.

[그림 4-7]의 막대도표에 의하면 역투자전략의 성과가 가장 우수한 것으로 알 수 있으며, 선도표를 보면 역투자전략은 가치비율에 따라서도 투자성과의 변동성이 적음을 알 수 있다.

[그림 4-7] 24개월 과거성과→가치비율→기업규모

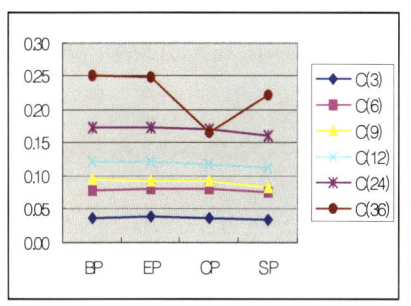
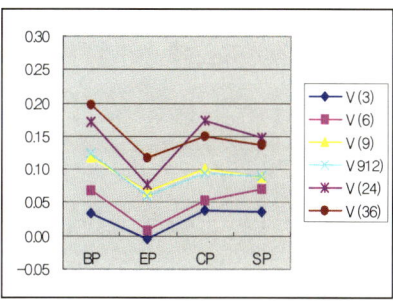

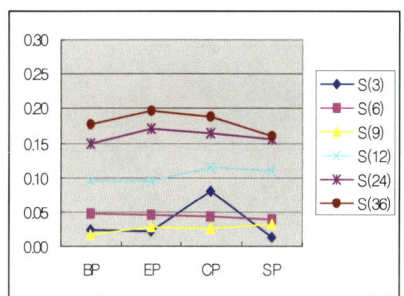
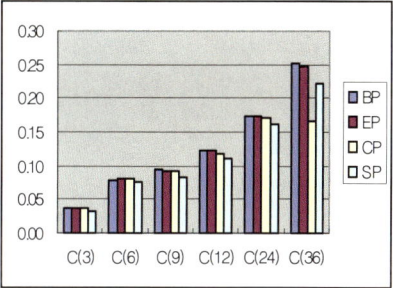

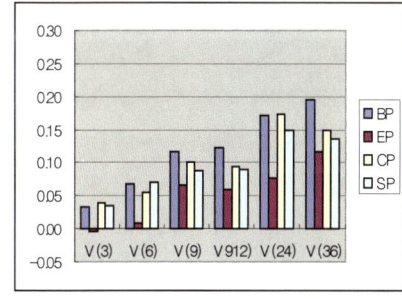
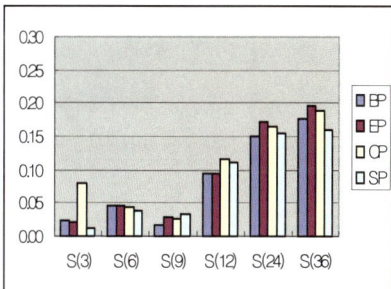

⑥ **36개월 과거성과**→가치비율→기업규모 순서로 구성

<표 4-11>에 의하면 이와 같은 방법으로 포트폴리오를 구성

154

한다면 세 가지 투자전략의 성과가 모두 통계적으로 유의적인 양(+)의 수익률을 기록하는 것으로 나타났다. 그리고 [그림 4-8]의 막대도표를 보면 장·단기 모두에서 역투자전략의 성과가 가장 우수한 것을 볼 수 있다.

<표 4-11> 36개월 과거성과→가치비율→기업규모

2단계	3개월 보유			6개월 보유			9개월 보유		
	C(3)	V(3)	S(3)	C(6)	V(6)	S(6)	C(9)	V(9)	S(9)
B/P	0.029 (0.806) -0.004	0.037** (2.096) **0.056**	0.028*** (1.658) -0.016	0.067*** (1.598) **0.016**	0.064*** (2.124) **0.013**	0.050*** (1.335) -0.026	0.064 (1.233) -0.039	0.119* (3.223) **0.062**	0.034 (0.808) -0.103
E/P	0.037 (1.112) **0.029**	0.038 (1.723) **0.049**	0.030 (1.571) 0.000	0.077 (1.848) **0.039**	0.053 (1.716) -0.022	0.052 (1.456) -0.022	0.084 (1.628) -0.009	0.111 (2.555) 0.038	0.025 (0.584) -0.120
C/P	0.035 (1.041) **0.020**	0.042*** (1.608) **0.065**	0.028*** (1.540) -0.015	0.073** (1.746) **0.030**	0.051 (1.310) -0.022	0.053*** (1.462) -0.019	0.081*** (1.580) -0.014	0.110** (2.097) **0.030**	0.039 (0.968) -0.099
S/P	0.039 (1.150) **0.036**	0.036 (1.368) **0.312**	0.015 (0.749) -0.102	0.078** (1.836) **0.041**	0.059*** (1.679) -0.003	0.038 (1.075) -0.060	0.086*** (1.689) -0.006	0.081** (2.017) -0.018	0.017 (0.411) -0.143

2단계	12개월 보유			24개월 보유			36개월 보유		
	C(12)	V(12)	S(12)	C(24)	V(24)	S(24)	C(36)	V(36)	S(36)
B/P	0.100*** (1.622) -0.022	0.114** (2.372) -0.009	0.114** (2.024) -0.007	0.149** (2.201) -0.064	0.145** (2.727) -0.086	0.163** (2.397) -0.054	0.207* (2.608) -0.076	0.182* (3.549) -0.137	0.182* (3.369) -0.130
E/P	0.118 (1.893) -0.002	0.104 (1.947) -0.020	0.092 (1.685) -0.035	0.158** (2.148) -0.054	0.097 (1.669) -0.118	0.173 (2.530) -0.047	0.221 (2.640) -0.065	0.110 (1.960) -0.174	0.187 (3.297) -0.120
C/P	0.117** (1.885) -0.003	0.109** (2.356) -0.016	0.120** (2.294) **0.000**	0.162** (2.226) -0.052	0.183** (3.216) -0.048	0.198** (3.118) -0.032	0.221* (2.653) -0.066	0.191* (4.005) -0.139	0.209* (3.773) -0.108
S/P	0.121** (1.962) **0.001**	0.083** (1.942) -0.059	0.107** (2.035) -0.017	0.162** (2.244) -0.052	0.137** (2.110) -0.076	0.173* (2.629) -0.049	0.220* (2.665) -0.067	0.144* (2.567) -0.151	0.183* (3.288) -0.125

또한 [그림 4-8]의 선도표에 의하면 역투자전략의 성과는 매우 안정적인데 반하여 가치투자전략과 소기업투자전략의 성과는 매우 불안정적인 모습을 띄고 있다. 월 단위 RVAR값을 살펴보면 전반적으로 역투자전략과 가치투자전략에 양(+)의 수치가 많이 나타나고 있는데 역투자전략의 경우는 해당 보유기간 수익률이 비유의적인 것이 많아 가치투자전략이 더 우수한 전략이라고 볼 수 있다. 그 중에서도 V(9)의 RVAR가 0.062로써 최고로 나타나 최우수투자전략인 것으로 나타났다.

따라서 이와 같은 방법으로 포트폴리오를 구성할 경우에는 역투자전략을 구사하는 것이 가장 유리한 투자전략이라고 여겨지며 가치투자전략이나 소기업투자전략을 사용할 경우에는 가치비율로 C/P를 사용해야 한다.

[그림 4-8] 36개월 과거성과→가치비율→기업규모

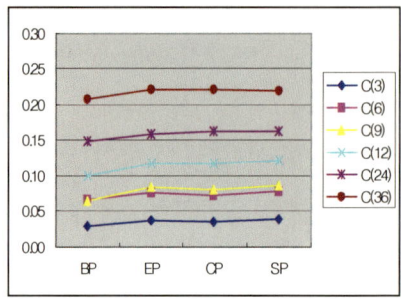

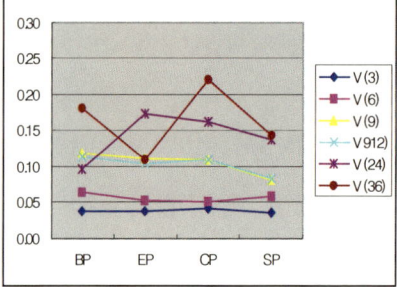

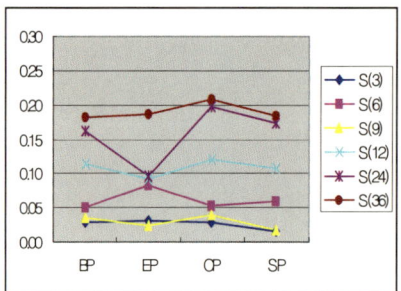

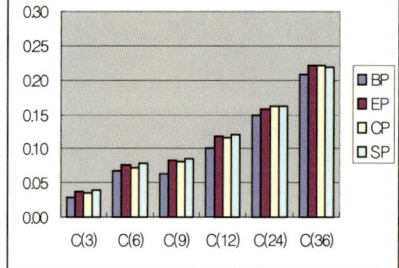

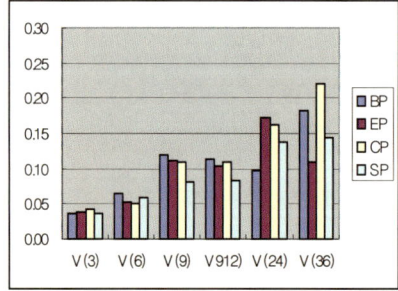

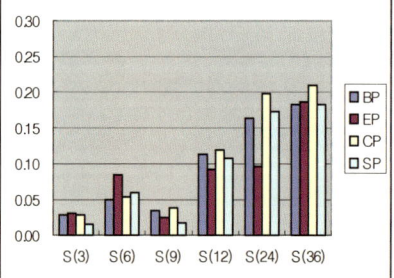

2) 가치비율→과거성과→기업규모 구성순서에 의한 분석 결과

① **BP**→과거성과→기업규모 순서로 구성

<표 4-12>에 의하면 이와 같은 방법으로 포트폴리오를 구성한다면 전반적으로 모든 투자전략의 성과가 통계적으로 유의적인 양(+)의 수익률을 기록하는 것으로 나타났다.

<표 4-12> BP→과거성과→기업규모

2단계	3개월 보유			6개월 보유			9개월 보유		
	C(3)	V(3)	S(3)	C(6)	V(6)	S(6)	C(9)	V(9)	S(9)
3개월	0.040***	0.001	0.037**	0.077**	0.024	0.065**	0.152*	0.024	0.040
	(1.566)	(0.054)	(2.043)	(2.247)	(0.924)	(1.949)	(3.935)	(0.690)	(1.089)
	0.049	-0.163	0.049	0.044	-0.132	0.013	0.117	-0.141	-0.099
6개월	0.042***	-0.001	0.035**	0.085**	0.007	0.064**	0.155*	0.030	0.038
	(1.608)	(-0.058)	(1.910)	(2.423)	(0.266)	(1.884)	(3.943)	(0.821)	(0.982)
	0.058	-0.157	0.035	-0.131	-0.172	0.010	0.120	-0.118	-0.097
9개월	0.042***	0.000	0.028**	0.085**	0.011	0.056**	0.152*	0.030	0.027
	(1.623)	(0.016)	(1.784)	(2.419)	(0.396)	(1.747)	(3.856)	(0.755)	(0.756)
	0.058	-0.141	-0.016	0.064	-0.158	-0.011	0.115	-0.111	-0.130
12개월	0.042***	0.011	0.022	0.084**	0.032	0.047***	0.145*	0.053***	0.021
	(1,622)	(0.423)	(1.218)	(2.401)	(1.127)	(1.423)	(3.526)	(1.382)	(0.609)
	0.059	-0.095	-0.057	0.061	-0.089	-0.035	0.098	-0.071	-0.148
24개월	0.048**	0.023	0.020	0.090*	0.058**	0.043	0.160*	0.054	0.010
	(1.811)	(0.908)	(1.112)	(2.520)	(1.872)	(1.255)	(4.014)	(1.299)	(0.266)
	0.088	-0.035	-0.070	0.077	-0.006	-0.045	0.131	-0.065	-0.161
36개월	0.047***	0.029	0.026	0.087**	0.064**	0.051	0.155*	0.045	0.021
	(1.634)	(1.019)	(1.233)	(2.239)	(1.734)	(1.320)	(3.619)	(1.011)	(0.504)
	0.080	-0.005	-0.026	0.066	0.010	-0.023	0.119	-0.080	-0.129

2단계	12개월 보유			24개월 보유			36개월 보유		
	C(12)	V(12)	S(12)	C(24)	V(24)	S(24)	C(36)	V(36)	S(36)
3개월	0.162*	0.038	0.130*	0.204*	0.043	0.198*	0.256*	0.078	0.206*
	(3.241)	(0.946)	(2.988)	(3.390)	(0.905)	(3.679)	(4.061)	(1.314)	(4.218)
	0.053	-0.129	0.014	-0.027	-0.186	-0.035	-0.060	-0.174	-0.115
6개월	0.163*	0.046	0.129*	0.210*	0.026	0.189*	0.273*	0.0410	0.210*
	(3.263)	(1.102)	(2.600)	(3.636)	(0.521)	(3.439)	(4.186)	(0.638)	(3.919)
	0.056	-0.111	0.011	-0.023	-0.192	-0.041	-0.048	-0.183	-0.102
9개월	0.160*	0.051	0.108**	0.204*	0.069***	0.171*	0.268*	0.081***	0.168*
	(3.256)	(1.201)	(2.283)	(3.591)	(1.471)	(2.974)	(4.150)	(1.550)	(3.563)
	0.051	-0.102	-0.016	-0.028	-0.162	-0.053	-0.052	-0.193	-0.147
12개월	0.159*	0.079**	0.109**	0.198*	0.106**	0.165*	0.267*	0.151**	0.194*
	(3.168)	(1.847)	(2.476)	(3.464)	(2.075)	(3.186)	(4.208)	(2.451)	(3.971)
	0.049	-0.061	-0.016	-0.033	-0.117	-0.065	-0.053	-0.124	-0.124
24개월	0.176*	0.075***	0.092**	0.207*	0.101**	0.157*	0.280*	0.150*	0.186*
	(3.405)	(1.451)	(2.043)	(3.459)	(1.992)	(3.169)	(4.232)	(2.565)	(3.841)
	0.070	-0.056	-0.040	-0.025	-0.125	-0.076	-0.045	-0.134	-0.134
36개월	0.163*	0.072***	0.104**	0.194*	0.106***	0.196*	0.241*	0.154**	0.197*
	(3.001)	(1.393)	(2.051)	(3.031)	(1.696)	(2.875)	(3.827)	(2.187)	(3.540)
	0.054	-0.063	-0.021	-0.035	-0.103	-0.031	-0.074	-0.114	-0.115

그리고 월 단위 RVAR을 볼 때 전반적으로 역투자전략의 RVAR 값이 가장 높게 나타나 가장 우수한 투자전략임을 알 수 있으며, 그 중에서도 C(9)의 RVAR가 0.120으로 최고로 나타나 최우수투자전략으로 나타났다.

또한 [그림 4-9]의 막대도표에 의하면 역투자전략의 성과가 가장 우수하며 안정적인 것을 알 수 있고, 그 다음으로 소기업투자전략이 우수한 것을 볼 수 있다. 그러나 가치투자전략은 투자성과가 매우 저조할 뿐만 아니라 성과달성의 안정성도 매우 불안정한 것을 알 수 있다.

[그림 4-9] BP→과거성과→기업규모

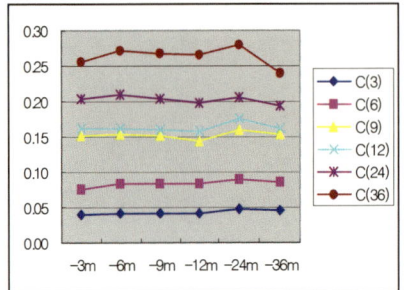
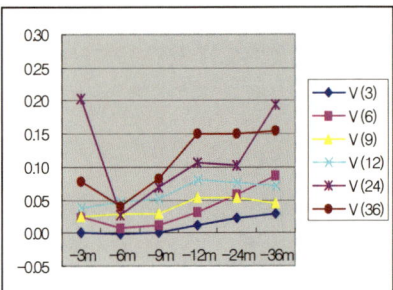
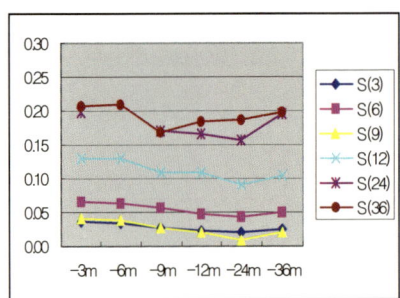
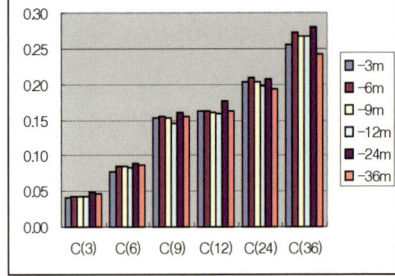
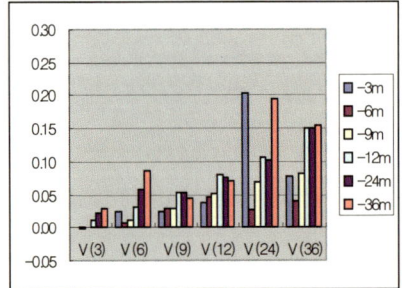
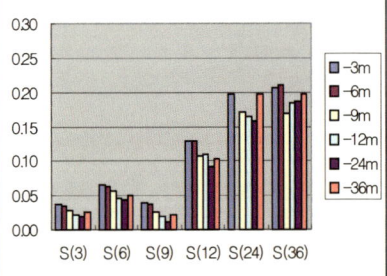

② **EP**→과거성과→기업규모 순서로 구성

<표 4-13>에 의하면 이러한 방법으로 포트폴리오를 구성한다면 3, 6개월 보유할 때의 역투자전략만을 제외한 나머지 모든 투자전략들의 성과가 통계적으로 유의적인 양(+)의 수익률을 기록하는 것으로 나타났다. 월 단위 RVAR에서는 소기업투자전략의 수치가 대체로 양(+)의 값이 많을 뿐만 아니라 가장 높다. 그 중에서 S(3)이 0.058로써 최고로 나타나 최우수투자전략이다.

<표 4-13> EP→과거성과→기업규모

2단계	3개월 보유			6개월 보유			9개월 보유		
	C(3)	V(3)	S(3)	C(6)	V(6)	S(6)	C(9)	V(9)	S(9)
3개월	0.016	−0.005	0.038**	0.027	0.018	0.071**	0.105*	0.023	0.059***
	(0.782)	(−0.202)	(2.240)	(0.954)	(0.717)	(2.090)	(2.581)	(0.621)	(1.547)
	−0.088	−0.180	**0.058**	−0.103	−0.147	**0.029**	0.027	−0.131	−0.059
6개월	0.014	0.004	0.035**	0.020	0.017	0.071**	0.088**	0.057***	0.045
	(0.691)	(0.138)	(2.190)	(0.721)	(0.616)	(2.134)	(2.098)	(1.376)	(1.147)
	−0.099	−0.126	**0.039**	−0.126	−0.137	**0.029**	−0.003	−0.059	−0.083
9개월	0.014	0.003	0.035**	0.020	0.017	0.071**	0.088**	0.056***	0.045
	(0.688)	(0.133)	(2.180)	(0.719)	(0.607)	(2.127)	(2.094)	(1.373)	(1.141)
	−0.095	−0.086	**0.017**	−0.093	−0.119	**0.005**	0.027	−0.052	−0.097
12개월	0.015	0.031	0.032**	0.030	0.054***	0.062**	0.105*	0.097**	0.037
	(0.753)	(1.085)	(2.323)	(1.060)	(1.578)	(2.003)	(2.618)	(2.113)	(1.038)
	−0.097	**0.004**	**0.018**	−0.094	−0.016	**0.006**	0.027	**0.011**	−0.110
24개월	0.020	0.041***	0.025***	0.026	0.082**	0.044	0.100**	0.098**	0.028
	(0.966)	(1.474)	(1.562)	(0.898)	(2.332)	(1.328)	(2.418)	(2.111)	(0.749)
	−0.061	**0.051**	−0.040	−0.108	**0.057**	−0.044	**0.018**	**0.013**	−0.124
36개월	0.016	0.040***	0.035**	0.024	0.073**	0.055***	0.105*	0.087**	0.034
	(0.685)	(1.366)	(1.940)	(0.759)	(1.996)	(1.501)	(2.341)	(1.915)	(0.781)
	−0.084	**0.043**	**0.038**	−0.110	**0.034**	−0.013	**0.026**	−0.005	−0.101

2단계	12개월 보유			24개월 보유			36개월 보유		
	C(12)	V(12)	S(12)	C(24)	V(24)	S(24)	C(36)	V(36)	S(36)
3개월	0.096**	0.057***	0.134*	0.077***	0.063	0.218*	0.111**	0.117**	0.226*
	(1.842)	(1.338)	(2.942)	(1.459)	(1.276)	(4.122)	(1.842)	(1.840)	(4.648)
	−0.029	−0.094	**0.019**	−0.137	−0.159	−0.019	−0.150	−0.149	−0.269
6개월	0.076***	0.074***	0.121*	0.074***	0.067	0.216*	0.096***	0.111**	0.231*
	(1.484)	(1.577)	(2.552)	(1.397)	(1.205)	(4.295)	(1.601)	(1.752)	(5.003)
	−0.054	−0.062	**0.001**	−0.139	−0.138	−0.021	−0.160	−0.143	−0.101
9개월	0.076***	0.074***	0.121*	0.072***	0.069	0.218*	0.095***	0.113**	0.234*
	(1.476)	(1.579)	(2.541)	(1.387)	(1.226)	(4.343)	(1.584)	(1.774)	(5.040)
	−0.042	−0.046	−0.015	−0.159	−0.134	−0.047	−0.182	−0.165	−0.117
12개월	0.089**	0.140*	0.104*	0.073***	0.138**	0.196*	0.105**	0.188*	0.214*
	(1.761)	(2.831)	(2.393)	(1.456)	(2.445)	(3.920)	(1.783)	(2.721)	(4.528)
	−0.039	**0.025**	−0.032	−0.207	−0.081	−0.039	−0.157	−0.090	−0.112
24개월	0.088***	0.125**	0.097**	0.076***	0.154*	0.189*	0.102***	0.220*	0.220*
	(1.657)	(2.223)	(2.156)	(1.401)	(2.730)	(3.531)	(1.676)	(3.267)	(4.350)
	−0.039	**0.006**	−0.033	−0.139	−0.070	−0.043	−0.158	−0.077	−0.103
36개월	0.096***	0.114**	0.104*	0.082***	0.161**	0.173*	0.110***	0.171**	0.191*
	(1.666)	(2.136)	(1.971)	(1.356)	(2.463)	(3.157)	(1.652)	(2.317)	(3.441)
	−0.028	−0.006	−0.021	−0.126	−0.158	−0.059	−0.147	−0.101	−0.120

그리고 [그림 4-10]의 막대도표를 보면 소기업투자전략과 가치투자전략의 성과가 크게 나타나고 있는 반면에 역투자전략의 성과는 저조한 것으로 나타나고 있다. 선도표를 보면 역투자전략과 소기업투자전략의 성과는 매우 안정적인 반면에 가치투자전략의 성과는 다소 불안정한 패턴을 보이고 있다.

[그림 4-10] EP→과거성과→기업규모

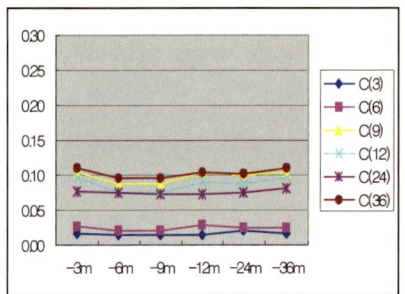
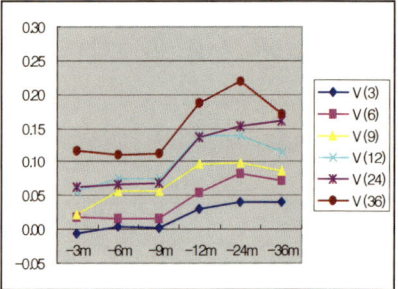
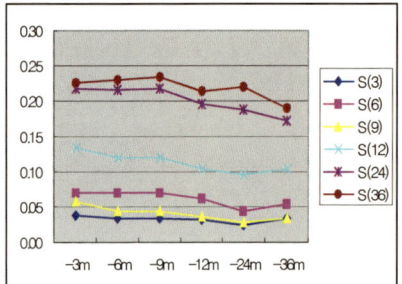
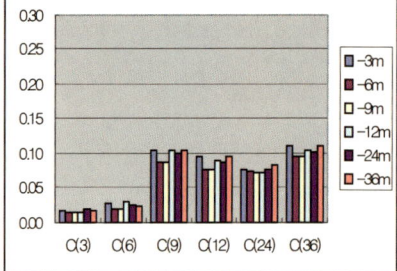
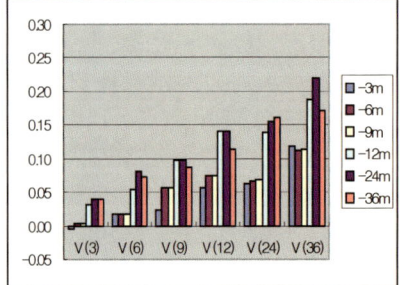
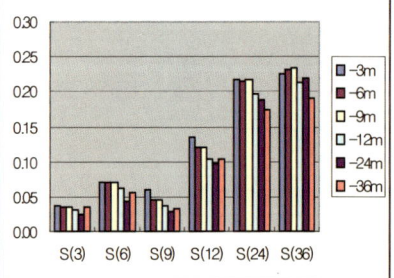

③ **CP**→과거성과→기업규모 순서로 구성

<표 4-14>에 의하면 이러한 방법으로 포트폴리오를 구성한다
면 세 종류 종류의 투자전략들의 성과가 모두 통계적으로 유의
적인 양(+)의 수익률을 기록하는 것으로 나타났다.

<표 4-14> CP→과거성과→기업규모

2단계	3개월 보유			6개월 보유			9개월 보유		
	C(3)	V(3)	S(3)	C(6)	V(6)	S(6)	C(9)	V(9)	S(9)
3개월	0.037***	-0.004	0.043*	0.054***	0.018	0.071**	0.119*	0.033	0.061***
	(1.542)	(-0.145)	(2.309)	(1.579)	(0.671)	(2.044)	(2.581)	(0.825)	(1.599)
	0.037	-0.171	0.088	-0.016	-0.142	0.028	0.046	-0.102	-0.056
6개월	0.037***	-0.004	0.046*	0.057***	0.007	0.075**	0.120*	0.038	0.050***
	(1.550)	(-0.136)	(2.674)	(1.664)	(0.211)	(2.246)	(2.590)	(0.823)	(1.350)
	0.037	-0.144	0.125	-0.008	-0.147	0.040	0.047	-0.082	-0.078
9개월	0.039***	0.003	0.039*	0.060***	0.023	0.073**	0.122*	0.042	0.054*
	(1.580)	(0.113)	(2.609)	(1.671)	(0.716)	(2.250)	(2.578)	(0.954)	(1.598)
	0.046	-0.111	0.075	0.000	-0.104	0.036	0.049	-0.079	-0.077
12개월	0.039***	0.025	0.027***	0.061***	0.043	0.059**	0.123*	0.080***	0.034
	(1.588)	(0.850)	(1.661)	(1.717)	(1.316)	(1.835)	(2.583)	(1.645)	(1.004)
	0.046	-0.021	-0.024	0.003	-0.046	-0.003	0.050	-0.015	-0.122
24개월	0.046**	0.039	0.021***	0.060***	0.080**	0.044	0.123**	0.097**	0.024
	(1.830)	(1.247)	(1.341)	(1.616)	(2.193)	(1.303)	(2.479)	(1.970)	(0.635)
	0.083	0.037	-0.073	0.000	0.050	-0.043	0.050	0.011	-0.132
36개월	0.043	0.036	0.029	0.054	0.076	0.052	0.117	0.077	0.034
	(1.666)	(1.034)	(1.659)	(1.385)	(1.815)	(1.463)	(2.240)	(1.491)	(0.852)
	0.069	0.024	-0.008	-0.015	0.037	-0.022	0.041	-0.020	-0.110

2단계	12개월 보유			24개월 보유			36개월 보유		
	C(12)	V(12)	S(12)	C(24)	V(24)	S(24)	C(36)	V(36)	S(36)
3개월	0.121*	0.050	0.151*	0.206*	0.032	0.223*	0.218*	0.081	0.247*
	(2.731)	(1.041)	(3.229)	(3.518)	(0.585)	(4.039)	(4.730)	(1.202)	(5.002)
	0.001	-0.092	0.042	-0.026	-0.171	-0.014	-0.112	-0.150	-0.083
6개월	0.122*	0.060	0.140*	0.211*	0.037	0.231*	0.223*	0.085	0.267*
	(2.806)	(1.158)	(2.947)	(3.654)	(0.689)	(4.018)	(4.849)	(1.293)	(4.992)
	0.003	-0.073	0.027	-0.022	-0.167	-0.007	-0.108	-0.195	-0.063
9개월	0.122*	0.060	0.144*	0.212*	0.091**	0.221*	0.221*	0.108**	0.269*
	(2.712)	(1.201)	(3.122)	(3.562)	(1.732)	(3.983)	(4.617)	(1.827)	(4.957)
	0.003	-0.075	0.033	-0.031	-0.126	-0.015	-0.106	-0.155	-0.061
12개월	0.122*	0.110**	0.115*	0.205*	0.108**	0.193*	0.215*	0.163**	0.216*
	(2.689)	(1.974)	(2.522)	(3.540)	(1.994)	(3.483)	(4.541)	(2.383)	(4.662)
	0.003	-0.011	-0.007	-0.027	-0.109	-0.038	-0.111	-0.105	-0.113
24개월	0.132*	0.130**	0.110**	0.213*	0.161*	0.173*	0.218*	0.216*	0.207*
	(2.818)	(2.195)	(2.441)	(3.416)	(2.674)	(3.341)	(4.253)	(3.100)	(3.822)
	0.017	0.011	-0.014	-0.020	-0.060	-0.059	-0.103	-0.077	-0.105
36개월	0.125*	0.106**	0.127**	0.208*	0.141**	0.192*	0.216*	0.185**	0.206*
	(2.509)	(1.758)	(2.471)	(3.120)	(2.002)	(3.043)	(4.101)	(2.292)	(3.930)
	0.007	-0.016	0.009	-0.023	-0.067	-0.037	-0.107	-0.085	-0.115

월 단위 RVAR에서는 대체로 역투자전략과 소기업투자전략에서 양(＋)의 수치가 많이 발견되고 있으며, 특히 12개월 이하 보유할 때는 역투자전략, 24, 36개월 보유할 때는 소기업투자전략의 수치가 각각 더 높게 나타났다. 그 중에서도 S(3)이 0.125로 가장 높아 최우수투자전략으로 나타났다.

또한 [그림 4-11]의 막대도표를 보면 역투자전략과 소기업투자전략의 성과가 크게 나타나고 있는 반면에 가치투자전략의 경우는 2단계 구분기준으로 24개월 과거성과를 사용했을 경우에만 우수한 것으로 나타나고 있다.

아울러 성과달성의 안정도를 비교해보면 역투자전략과 소기업투자전략의 성과는 비교적 안정적인 반면에 가치투자전략은 불안정적으로 나타났다.

[그림 4-11] CP→과거성과→기업규모

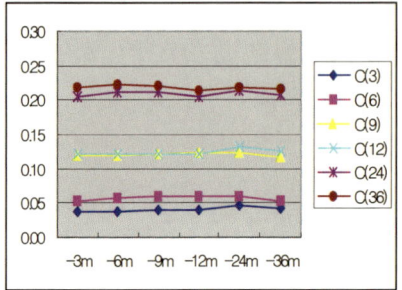
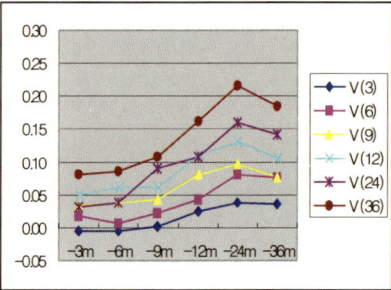
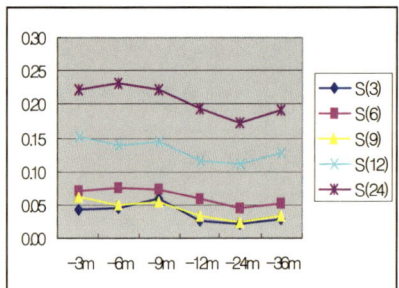
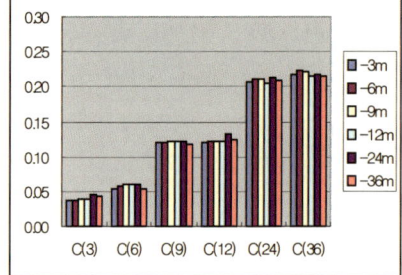
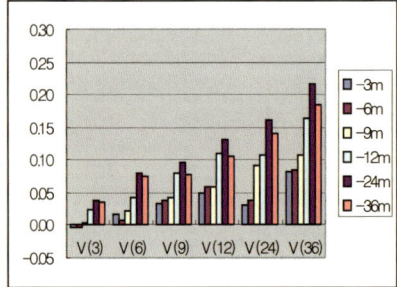
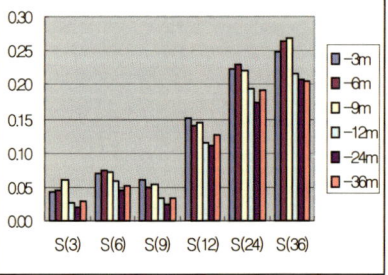

④ **SP**→과거성과→기업규모 순서로 구성

<표 4-15>에 의하면 이러한 방법으로 포트폴리오를 구성한다
면 3개월 보유 시 역투자전략을 제외한 나머지 모든 투자전략들
의 성과는 통계적으로 유의적인 양(＋)의 수익률을 기록하는 것
으로 나타났다.

<표 4-15> SP→과거성과→기업규모

2단계	3개월 보유			6개월 보유			9개월 보유		
	C(3)	V(3)	S(3)	C(6)	V(6)	S(6)	C(9)	V(9)	S(9)
3개월	0.036	0.005	0.034**	0.074**	0.031	0.064**	0.103**	0.039	0.044
	(1.308)	(0.215)	(1.791)	(2.012)	(1.178)	(2.059)	(2.403)	(1.072)	(1.215)
	0.027	-0.135	0.027	0.053	-0.099	0.011	0.045	-0.101	-0.091
6개월	0.035	0.006	0.035**	0.073**	0.007	0.066**	0.103**	0.033	0.044
	(1.317)	(0.228)	(2.099)	(1.987)	(0.255)	(2.024)	(2.364)	(0.804)	(1.151)
	0.024	-0.115	0.038	0.032	-0.163	0.016	0.022	-0.103	-0.088
9개월	0.036	-0.009	0.019	0.075**	-0.004	0.049	0.104**	0.012	0.029
	(1.360)	(-0.305)	(1.145)	(2.017)	(-0.132)	(1.636)	(2.413)	(0.260)	(0.818)
	0.028	-0.171	-0.171	-0.085	0.036	-0.033	0.026	-0.126	-0.126
12개월	0.032	0.032***	0.013	0.070**	0.037	0.039	0.103**	0.045	0.018
	(1.303)	(1.339)	(0.565)	(1.952)	(1.090)	(1.272)	(2.338)	(1.101)	(0.496)
	0.010	0.011	-0.094	0.025	-0.060	-0.060	0.021	-0.079	-0.142
24개월	0.036	0.047***	0.000	0.071**	0.075**	0.027	0.100**	0.086**	0.001
	(1.283)	(1.596)	(-0.007)	(1.846)	(1.907)	(0.813)	(2.180)	(1.734)	(0.027)
	0.028	0.074	-0.209	0.026	0.035	-0.090	0.016	-0.006	-0.169
36개월	0.040	0.037	0.020	0.079**	0.055***	0.042	0.107**	0.047	0.019
	(1.301)	(1.306)	(0.903)	(1.929)	(1.486)	(1.144)	(2.216)	(1.100)	(0.454)
	0.044	0.034	-0.034	0.044	-0.013	-0.048	0.028	-0.085	-0.130

2단계	12개월 보유			24개월 보유			36개월 보유		
	C(12)	V(12)	S(12)	C(24)	V(24)	S(24)	C(36)	V(36)	S(36)
3개월	0.113**	0.062***	0.134**	0.162**	0.068	0.192*	0.194*	0.087***	0.212*
	(2.360)	(1.457)	(3.185)	(2.354)	(1.317)	(3.749)	(2.788)	(1.375)	(5.293)
	-0.009	-0.085	0.021	-0.051	-0.149	-0.042	-0.087	-0.157	-0.135
6개월	0.113**	0.066***	0.131**	0.163**	0.040	0.190*	0.200*	0.037	0.207*
	(2.311)	(1.454)	(2,821)	(2.370)	(0.785)	(3.494)	(2.847)	(0.577)	(4.258)
	-0.009	-0.075	0.015	-0.050	-0.176	-0.041	-0.120	-0.183	-0.114
9개월	0.114	0.038	0.108	0.164	0.034	0.177	0.197	0.071	0.220
	(2.320)	(0.789)	(2.440)	(2.385)	(0.692)	(3.624)	(2.829)	(1.358)	(4.292)
	-0.008	-0.108	-0.017	-0.049	-0.189	-0.057	-0.085	-0.200	-0.099
12개월	0.111**	0.052	0.101**	0.162**	0.057	0.164*	0.196*	0.088***	0.192*
	(2.255)	(1.273)	(2.441)	(2.374)	(1.023)	(3.835)	(2.834)	(1.541)	(4.049)
	-0.012	-0.104	-0.029	-0.051	-0.146	-0.079	-0.086	-0.173	-0.129
24개월	0.118**	0.107**	0.061***	0.169**	0.135**	0.139*	0.198*	0.156**	0.164*
	(2.223)	(1.849)	(1.379)	(2.315)	(2.324)	(2.765)	(2.835)	(2.435)	(3.028)
	-0.002	-0.014	-0.086	-0.044	-0.083	-0.092	-0.086	-0.118	-0.134
36개월	0.118**	0.067	0.110**	0.174**	0.087***	0.175*	0.183**	0.168*	0.178*
	(2.190)	(1.326)	(2.156)	(2.158)	(1.444)	(2.868)	(2.219)	(2.696)	(3.347)
	-0.003	-0.071	-0.013	-0.039	-0.122	-0.051	-0.085	-0.121	-0.134

또한 월단위 RVAR에서는 역투자전략이 매우 높게 나타나고 있는데, 특히 2단계 구분기준으로 단기수익률 정보보다는 장기수익률 정보를 이용할수록 RVAR값이 큰 것으로 분석되었다. 그 중에서도 V(3)의 RVAR가 0.074로 가장 높아 최우수 투자전략으로 나타났다.

[그림 4-12] SP→과거성과→기업규모

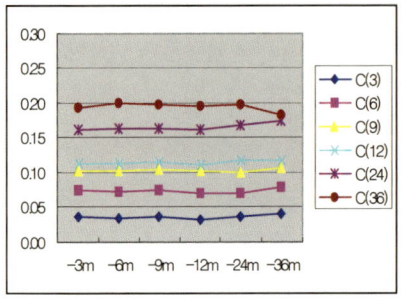
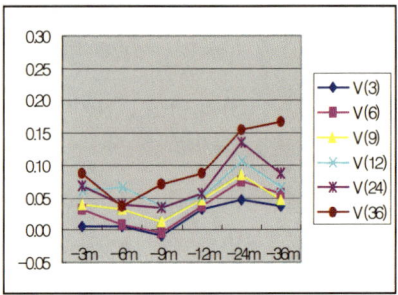

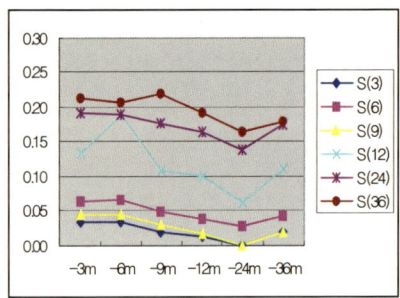
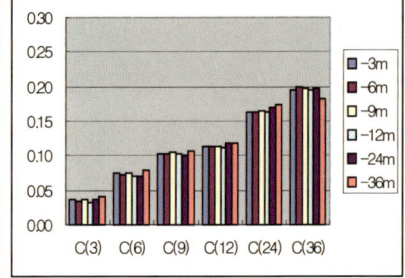

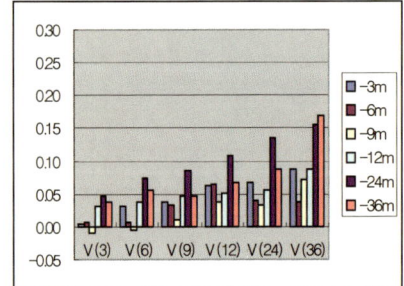
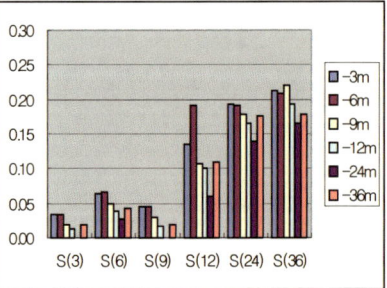

또한 [그림 4-12]의 막대도표에 의하면 성과의 크기는 역투자전략, 소기업투자전략, 가치투자전략 순으로 나타났고, 선도표에 의

하면 역투자전략과 소기업투자전략의 성과는 매우 안정적인데, 가치투자전략은 매우 불안정적이다. 따라서 종합적으로 살펴할 때 역투자전략을 구사하는 편이 가장 이상적이라고 판단된다.

3) 기업규모→과거성과→가치비율 구성순서에 의한 분석 결과

① 기업규모→**3개월 과거성과**→가치비율 순서로 구성

<표 4-16>에 의하면 이와 같은 방법으로 포트폴리오를 구성한다면 모든 투자전략의 성과가 통계적으로 유의적인 양(+)의 수익률을 기록하는 것으로 나타났다. 월 단위 RVAR 면에서는 역투자전략에 양(+)의 수치가 많이 분포되어 있고 전반적으로 높은 값을 나타내고 있어 역투자전략이 가장 우수한 투자전략임을 시사한다. 그러나 S(9)가 0.078로 최우수투자전략이며 그 다음으로 C(12)가 0.053으로 우수한 전략으로 나타났다.

<표 4-16> 기업규모→3개월 과거성과→가치비율

3단계	3개월 보유			6개월 보유			9개월 보유		
	C(3)	V(3)	S(3)	C(6)	V(6)	S(6)	C(9)	V(9)	S(9)
B/P	0.033***	0.000	0.024	0.072**	0.010	0.069**	0.078**	0.022	0.121*
	(1.382)	(0.003)	(1.098)	(1.880)	(0.381)	(2.124)	(1.850)	(0.604)	(3.296)
	0.016	-0.171	-0.035	0.028	-0.167	0.025	-0.021	-0.135	0.062
E/P	0.034***	-0.001	0.030***	0.070**	0.009	0.058**	0.078**	0.020	0.130*
	(1.421)	(-0.061)	(1.629)	(1.812)	(0.357)	(2.248)	(1.795)	(0.552)	(3.466)
	0.021	-0.177	0.000	0.023	-0.174	-0.007	-0.020	-0.140	0.078
C/P	0.034***	0.001	0.037***	0.070**	0.010	0.067**	0.077**	0.021	0.120*
	(1.406)	(0.042)	(1.671)	(1.807)	(0.371)	(2.183)	(1.811)	(0.576)	(2.875)
	0.021	-0.166	0.040	0.023	-0.167	0.020	-0.022	-0.135	0.052
S/P	0.034***	0.001	0.034	0.070**	0.011	0.072**	0.079**	0.022	0.096**
	(1.431)	(0.027)	(1.305)	(1.810)	(0.418)	(2.152)	(1.837)	(0.588)	(2.404)
	0.021	-0.166	0.019	0.023	-0.163	0.032	-0.019	-0.135	0.011

3단계	12개월 보유			24개월 보유			36개월 보유		
	C(12)	V(12)	S(12)	C(24)	V(24)	S(24)	C(36)	V(36)	S(36)
B/P	0.164*	0.042	0.097**	0.226*	0.051	0.154*	0.256*	0.055	0.181*
	(3.153)	(0.913)	(2.484)	(3.714)	(0.881)	(3.188)	(4.595)	(0.823)	(3.733)
	0.053	-0.106	-0.037	-0.010	-0.146	-0.079	-0.068	-0.165	-0.134
E/P	0.165*	0.039	0.117*	0.232*	0.050	0.117**	0.263*	0.056	0.109*
	(3.105)	(0.859)	(2.653)	(3.798)	(0.885)	(2.351)	(4.695)	(0.864)	(2.530)
	0.053	-0.113	-0.004	-0.006	-0.149	-0.110	-0.063	-0.169	-0.212
C/P	0.164*	0.041	0.106*	0.224*	0.048	0.203*	0.254*	0.050	0.213*
	(3.095)	(0.898)	(2.600)	(3.645)	(0.849)	(3.983)	(4.609)	(0.760)	(5.318)
	0.052	-0.109	-0.021	-0.012	-0.151	-0.032	-0.070	-0.172	-0.133
S/P	0.167*	0.041	0.068***	0.228*	0.050	0.133**	0.257*	0.049	0.142*
	(3.127)	(0.898)	(1.609)	(3.668)	(0.892)	(2.368)	(4.737)	(0.736)	(2.525)
	0.056	-0.109	-0.077	-0.009	-0.150	-0.085	-0.069	-0.171	-0.141

또한 [그림 4-13]의 막대도표를 보면 투자전략의 성과가 역투자전략, 소기업투자전략, 가치투자전략 순으로 큰 것으로 나타나고 있다. 그러나 이중에서 역투자전략이 투자성과의 크기가 가장 클 뿐만 아니라 성과달성의 안정성도 매우 높아 가장 우수한 투자전략임을 알 수 있다.

[그림 4-13] 기업규모→3개월 과거성과→가치비율

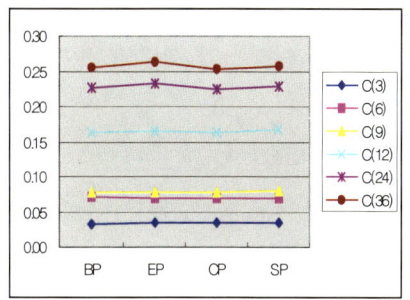

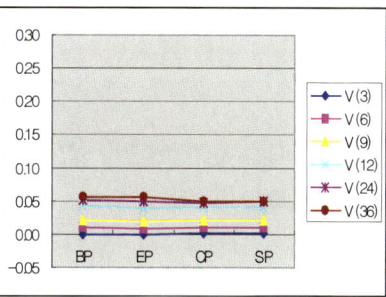

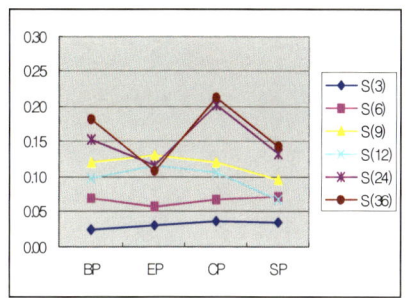

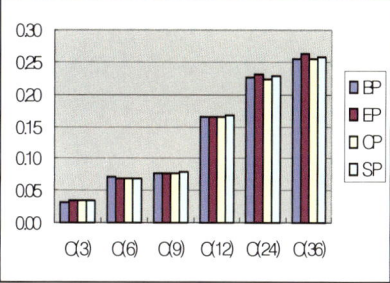

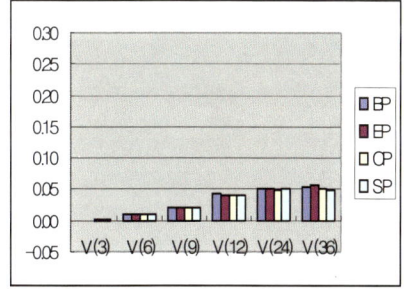

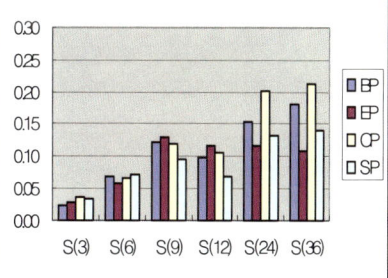

② 기업규모→**6개월 과거성과**→가치비율 순서대로 구성

    <표 4-17>에 의하면 이와 같은 방법으로 포트폴리오를 구성할 경우에는 모든 투자전략의 성과가 전반적으로 통계적으로 유의적인 양(+)의 수익률을 나타내었다. 월 단위 RVAR면에서는 역투자전략과 소기업투자전략에서 양(+)의 RVAR가 나타나고 있는데, 특히 역투자전략의 RVAR가 전반적으로 더 높은 값을 나타내고 있는 것으로 보아 역투자전략이 가장 우수한 전략임을 알 수 있다. 그 중에서도 S(3)의 RVAR가 0.064로 최우수투자전략이며, 그 다음으로 C(12)가 0.054로서 우수전략으로 나타났다.

<표 4-17> 기업규모→6개월 과거성과→가치비율

3단계	3개월 보유			6개월 보유			9개월 보유		
	C(3)	V(3)	S(3)	C(6)	V(6)	S(6)	C(9)	V(9)	S(9)
B/P	0.034*** (1.452) 0.021	0.005 (0.216) -0.126	0.031*** (1.588) 0.006	0.072* (1.865) 0.028	0.001 (0.047) -0.173	0.071** (2.426) 0.033	0.079** (1.847) -0.019	0.037 (0.908) -0.093	0.108* (3.348) 0.041
E/P	0.032*** (1.382) 0.011	0.006 (0.235) -0.123	0.027*** (1.459) -0.021	0.069** (1.791) 0.021	0.002 (0.059) -0.173	0.046** (1.901) -0.051	0.077** (1.781) -0.022	0.039 (0.944) -0.090	0.112* (3.106) 0.044
C/P	0.032*** (1.390) 0.011	0.006 (0.244) -0.120	0.041** (1.879) 0.064	0.068** (1.771) 0.018	0.002 (0.074) -0.172	0.071** (2.219) 0.031	0.076** (1.777) -0.024	0.039 (0.944) -0.089	0.113* (2.798) 0.041
S/P	0.036*** (1.553) 0.033	0.005 (0.210) -0.127	0.034*** (1.473) 0.022	0.070** (1.818) 0.023	0.001 (0.019) -0.175	0.070** (2.147) 0.028	0.079** (1.820) -0.018	0.063 (0.905) -0.147	0.072** (2.303) -0.035

3단계	12개월 보유			24개월 보유			36개월 보유		
	C(12)	V(12)	S(12)	C(24)	V(24)	S(24)	C(36)	V(36)	S(36)
B/P	0.164* (3.180) 0.054	0.061 (1.225) -0.074	0.081** (2.298) -0.069	0.230* (3.779) -0.007	0.059 (1.002) -0.137	0.143* (3.039) -0.092	0.259* (4.564) -0.065	0.067 (0.933) -0.149	0.169* (3.227) -0.133
E/P	0.164* (3.095) 0.052	0.063 (1.288) -0.073	0.100** (2.261) -0.029	0.233* (3.824) -0.005	0.055 (0.947) -0.141	0.100** (2.029) -0.127	0.261* (4.649) -0.064	0.063 (0.902) -0.155	0.103** (2.084) -0.189
C/P	0.163* (3.061) 0.050	0.065 (1.315) -0.070	0.092** (2.439) -0.047	0.225* (3.637) -0.011	0.058 (0.996) -0.140	0.193* (3.599) -0.039	0.253* (4.445) -0.068	0.065 (0.924) -0.154	0.188* (4.996) -0.167
S/P	0.166* (3.155) 0.055	0.063 (1.260) -0.072	0.072** (1.768) -0.074	0.229* (3.707) -0.008	0.059 (1.010) -0.138	0.139** (2.412) -0.078	0.254* (4.550) -0.069	0.062 (0.866) -0.151	0.142** (2.491) -0.139

또한 [그림 4-14]의 막대도표를 보면 투자성과의 크기가 역투자전략, 소기업투자전략, 가치투자전략 순서로 나타나고 있으며, 선도표에 의하면 역투자전략과 가치투자전략은 성과달성의 안정

도가 높은 반면에 소기업투자전략은 매우 불안정한 모습을 띄고 있다.

　따라서 이와 같은 방법으로 포트폴리오를 구성할 경우에는 투자성과의 크기와 그 성과달성의 안정도 그리고 월 단위 RVAR 등을 종합적으로 고려할 때 역투자전략이 우수하다고 판단된다.

[그림 4-14] 기업규모→6개월 과거성과→가치비율

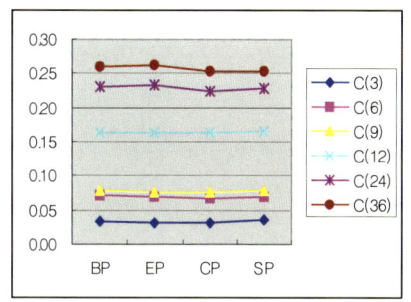

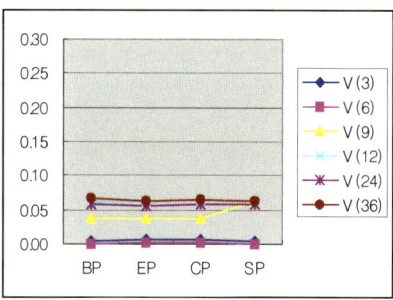

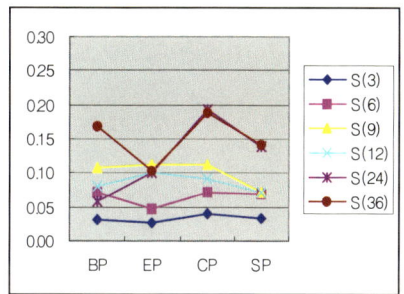

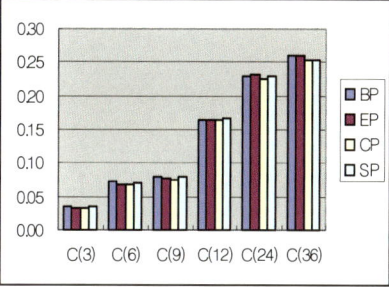

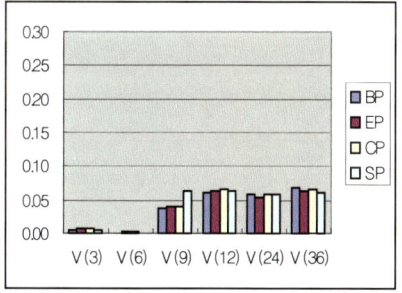

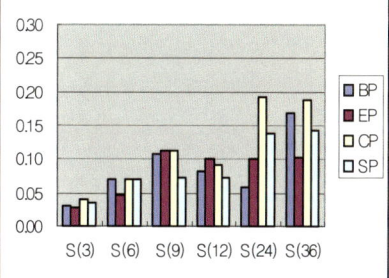

③ 기업규모→**9개월 과거성과**→가치비율 순서로 구성

<표 4-18>에 의하면 이와 같은 방법으로 포트폴리오를 구성할 경우에는 모든 투자전략의 성과가 통계적으로 유의적인 양(+)으로 나타났다. 월 단위 RVAR를 보면 역투자전략과 소기업 투자전략에서 양(+)의 RVAR가 많이 분포되어 있는 것을 볼 수 있다. 그러나 전반적으로 역투자전략의 RVAR가 가장 높은 수치를 유지하고 있다. 그 중에서도 S(9)가 0.07로 최우수투자전략이며 그 다음으로 C(12)가 0.053으로 우수전략으로 나타났다.

<표 4-18> 기업규모→9개월 과거성과→가치비율

3단계	3개월 보유			6개월 보유			9개월 보유		
	C(3)	V(3)	S(3)	C(6)	V(6)	S(6)	C(9)	V(9)	S(9)
B/P	0.034*** (1.475) 0.022	0.008 (0.292) -0.102	0.033** (1.760) 0.020	0.072** (1.883) 0.028	0.017 (0.520) -0.119	0.074*** (2.688) 0.045	0.078 (1.851) -0.021	0.045 (0.988) -0.072	0.120* (3.829) 0.070
E/P	0.034*** (1.479) 0.022	0.006 (0.216) -0.110	0.020 (1.030) -0.066	0.071** (1.856) 0.026	0.016 (0.496) -0.121	0.050** (1.911) -0.034	0.078** (1.800) -0.022	0.044 (0.960) -0.073	0.121* (3.250) 0.061
C/P	0.034*** (1.461) 0.022	0.006 (0.206) -0.109	0.038*** (1.597) 0.042	0.070** (1.824) 0.023	0.017 (0.507) -0.116	0.066** (2.118) 0.017	0.076** (1.779) -0.024	0.044 (0.969) -0.073	0.116* (2.832) 0.046
S/P	0.023 (1.025) -0.040	0.004 (0.156) -0.116	0.041*** (1.711) 0.058	0.066*** (1.718) 0.014	0.015 (0.452) -0.103	0.078** (2.422) 0.052	0.068*** (1.565) -0.037	0.044 (0.957) -0.073	0.097* (2.625) 0.014

3단계	12개월 보유			24개월 보유			36개월 보유		
	C(12)	V(12)	S(12)	C(24)	V(24)	S(24)	C(36)	V(36)	S(36)
B/P	0.163* (3.168) 0.053	0.052 (0.972) -0.079	0.086** (2.429) -0.060	0.228* (3.746) -0.009	0.082*** (1.439) -0.124	0.129* (2.666) -0.103	0.255* (4.559) -0.068	0.077 (1.257) -0.167	0.139* (2.597) -0.150
E/P	0.164* (3.088) 0.052	0.053 (0.991) -0.078	0.098** (2.293) -0.032	0.230* (3.798) -0.007	0.078 (1.380) -0.128	0.103** (2.106) -0.125	0.225* (4.554) -0.088	0.073 (1.178) -0.169	0.101** (1.948) -0.183
C/P	0.161* (3.028) 0.049	0.054 (1.006) -0.077	0.093** (2.358) -0.043	0.221* (3.601) -0.014	0.080*** (1.432) -0.126	0.194* (3.605) -0.038	0.245* (4.396) -0.075	0.077 (1.243) -0.167	0.211* (4.657) -0.120
S/P	0.151* (2.812) 0.036	0.050 (0.931) -0.082	0.072** (1.846) -0.077	0.221* (3.491) -0.013	0.081*** (1.445) -0.126	0.132** (2.398) -0.087	0.225* (3.832) -0.083	0.066 (1.053) -0.170	0.136* (2.705) -0.128

또한 [그림 4-15]의 막대도표에 의하면 투자성과의 크기가 역투자전략, 소기업투자전략, 가치투자전략 순으로 나타났고, 선도표에 의하면 역투자전략과 가치투자전략의 성과달성은 안정적인 반면에 소기업투자전략은 불안정한 모습을 보여주고 있다.

[그림 4-15] 기업규모→9개월 과거성과→가치비율

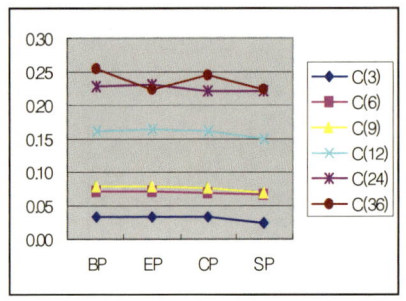
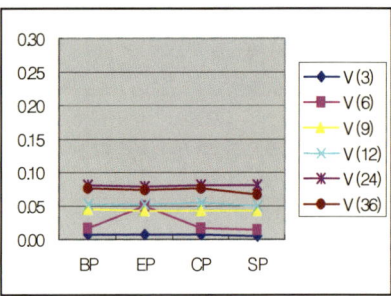
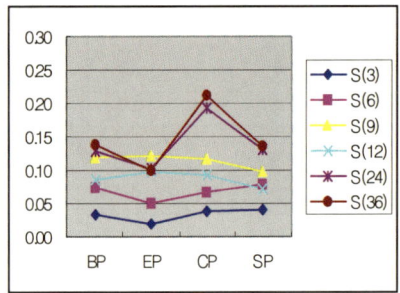
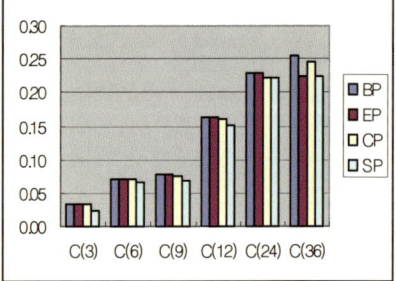
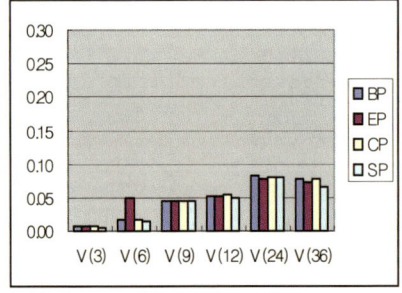
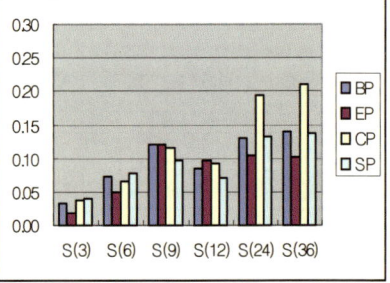

따라서 이와 같은 방식으로 포트폴리오를 구성할 경우에는 투
자성과의 크기와 안정도 그리고 월 단위 RVAR 등을 종합적으로

고려할 때 역투자전략이 가장 유리한 투자전략이라고 판단된다.

④ 기업규모→**12개월 과거성과**→가치비율 순서로 구성

<표 4-19>에 의하면 이와 같은 방법으로 포트폴리오를 구성한다면 3개월 역투자전략과 가치투자전략을 제외하고 나머지 모든 투자전략의 성과가 양(＋)의 수익률을 기록하는 것으로 나타났다. 월 단위 RVAR에서는 역투자전략과 소기업투자전략에서 양(＋)의 수치가 많이 나타나고 있으나 역투자전략이 전반적으로 높은 수치를 유지하고 있어서 더 우수한 전략이라고 볼 수 있다. 그 중에서도 C(12)의 RVAR가 0.068로 최우수투자전략으로 나타났다.

또한 [그림 4-16]의 막대도표에 의하면 투자성과의 크기가 역투자전략, 소기업투자전략, 가치투자전략의 순으로 나타났으며, 선도표에 의하면 투자전략의 성과가 매우 불안정한 모습을 보여주고 있다. 그러나 종합적으로 고려할 때 역투자전략이 가장 우수한 것으로 보여진다.

<표 4-19> 기업규모→12개월 과거성과→가치비율

3단계	3개월 보유			6개월 보유			9개월 보유		
	C(3)	V(3)	S(3)	C(6)	V(6)	S(6)	C(9)	V(9)	S(9)
B/P	0.026 (1.085) -0.021	0.026 (0.988) -0.019	0.028*** (1.718) -0.016	0.069** (1.788) **0.208**	0.036 (1.115) -0.065	0.070* (2.988) **0.038**	0.074*** (1.703) -0.027	0.066*** (1.467) -0.039	0.109* (4.056) **0.051**
E/P	0.027 (1.124) -0.016	0.029 (1.095) -0.005	0.026*** (1.505) -0.021	0.081** (2.319) **0.053**	0.027 (0.834) -0.091	0.043*** (1.658) -0.058	0.079** (1.851) -0.019	0.051 (1.151) -0.064	0.095* (2.614) **0.010**
C/P	0.013 (0.448) -0.075	0.032 (1.217) **0.010**	0.026** (2.337) -0.045	0.007 (0.236) -0.166	0.066** (1.790) 0.014	0.064** (2.075) **0.011**	0.057*** (1.528) -0.064	0.095** (2.187) 0.008	0.058*** (1.536) -0.062
S/P	0.027 (1.133) -0.016	0.031 (1.152) **0.005**	0.038*** (1.563) **0.041**	0.070** (1.848) **0.024**	0.031 (0.970) -0.081	0.076** (2.445) **0.044**	0.081** (1.890) -0.015	0.048 (1.097) -0.070	0.094** (2.406) **0.007**

3단계	12개월 보유			24개월 보유			36개월 보유		
	C(12)	V(12)	S(12)	C(24)	V(24)	S(24)	C(36)	V(36)	S(36)
B/P	0.164* (3.112) **0.052**	0.085*** (1.598) -0.042	0.094* (2.850) -0.050	0.244* (4.160) **0.003**	0.102** (1.722) -0.104	0.132* (3.157) -0.115	0.284* (5.460) -0.053	0.116*** (1.628) -0.125	0.169* (3.685) -0.152
E/P	0.154* (2.921) **0.041**	0.072*** (1.377) -0.058	0.069** (2.269) -0.129	0.215* (3.608) -0.019	0.107** (1.854) -0.103	0.089** (2.207) -0.108	0.264* (4.876) -0.064	0.109*** (1.646) -0.138	0.071** (1.806) -0.266
C/P	0.094** (2.309) -0.040	0.095** (2.059) -0.034	0.122** (2.462) **0.003**	0.184* (3.938) -0.053	0.153* (2.925) -0.074	0.175* (3.062) -0.051	0.213* (4.264) -0.107	0.233* (3.680) -0.073	0.172* (3.167) -0.126
S/P	0.175* (3.436) **0.068**	0.058 (1.074) -0.073	0.069*** (1.676) -0.077	0.255* (4.324) **0.011**	0.103** (1.812) -0.107	0.122** (2.085) -0.090	0.290* (5.624) -0.049	0.094*** (1.436) -0.147	0.125** (2.152) -0.148

[그림 4-16] 기업규모→12개월 과거성과→가치비율

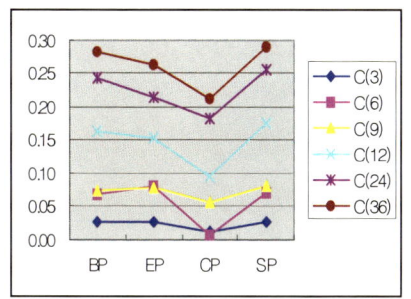

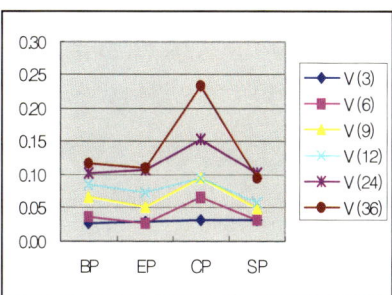

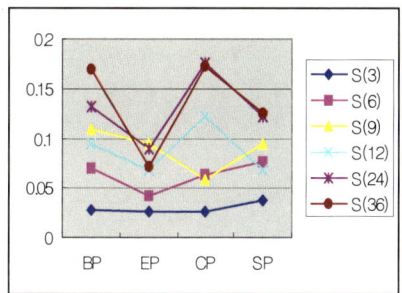

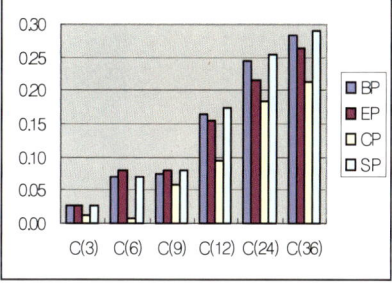

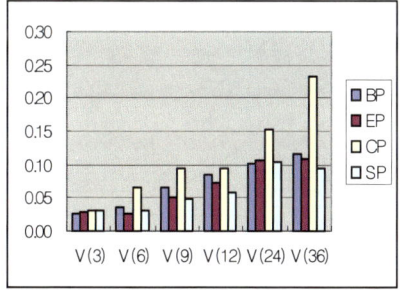

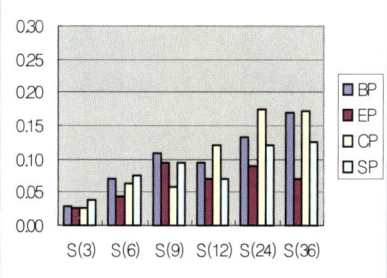

⑤ 기업규모→**24개월 과거성과**→가치비율 순서로 구성

<표 4-20>에 의하면 이와 같은 방법으로 포트폴리오를 구성한다면 모든 투자전략들의 성과가 통계적으로 유의적인 양(+)의 수익률을 기록하는 것으로 나타났다.

<표 4-20> 기업규모→24개월 과거성과→가치비율

3단계	3개월 보유			6개월 보유			9개월 보유		
	C(3)	V(3)	S(3)	C(6)	V(6)	S(6)	C(9)	V(9)	S(9)
B/P	0.034*** (1.373) 0.021	0.042*** (1.457) 0.053	0.033** (1.895) 0.022	0.074** (1.829) 0.031	0.072** (2.053) 0.0.31	0.073** (2.515) 0.041	0.078** (1.758) -0.020	0.089** (1.977) -0.002	0.119* (3.323) 0.060
E/P	0.033*** (1.326) 0.016	0.043*** (1.501) 0.058	0.040** (1.897) 0.061	0.072** (1.794) 0.027	0.075** (2.194) 0.040	0.066** (2.335) 0.019	0.079** (1.754) -0.018	0.088** (1.943) -0.003	0.136* (3.163) 0.080
C/P	0.035*** (1.404) 0.026	0.043*** (1.502) 0.059	0.056** (2.217) 0.134	0.077** (1.912) 0.039	0.070** (2.072) 0.027	0.076** (2.130) 0.041	0.085** (1.924) -0.008	0.084** (1.889) -0.010	0.116** (2.507) 0.042
S/P	0.036*** (1.437) 0.031	0.043*** (1.482) 0.058	0.040*** (1.635) 0.053	0.075** (1.851) 0.034	0.075** (2.151) 0.040	0.073** (2.244) 0.037	0.083** (1.787) -0.011	0.088** (1.981) -0.003	0.091** (2.329) 0.002

3단계	12개월 보유			24개월 보유			36개월 보유		
	C(12)	V(12)	S(12)	C(24)	V(24)	S(24)	C(36)	V(36)	S(36)
B/P	0.173* (3.265) 0.065	0.092*** (1.645) -0.032	0.102* (2.592) -0.029	0.241* (3.827) 0.001	0.108** (1.849) -0.103	0.132* (2.940) -0.110	0.266* (5.009) -0.066	0.191* (2.012) -0.086	0.160* (3.573) -0.166
E/P	0.173* (3.254) 0.064	0.090*** (1.619) -0.035	0.121** (2.508) 0.001	0.251* (4.013) 0.008	0.106** (1.828) -0.105	0.114** (2.192) -0.111	0.279* (5.126) -0.055	0.173** (2.394) -0.096	0.115** (2.272) -0.180
C/P	0.176* (3.297) 0.068	0.092*** (1.707) -0.034	0.110* (2.827) -0.017	0.243* (3.792) 0.002	0.110** (1.953) -0.106	0.186* (3.497) -0.046	0.275* (5.148) -0.061	0.159** (2.304) -0.108	0.153* (3.715) -0.186
S/P	0.178* (3.280) 0.069	0.090*** (1.643) -0.035	0.074* (1.803) -0.047	0.248* (3.858) 0.006	0.111** (1.956) -0.104	0.121** (2.218) -0.100	0.272* (5.146) -0.062	0.171** (2.445) -0.101	0.126** (2.496) -0.173

월 단위 RVAR 면에서는 역투자전략과 소기업투자전략이 많은 양(+)의 수치를 보여주고 있지만 모든 보유기간에 있어서 전반적으로 가치투자전략이 가장 높은 수치를 유지하고 있어서 세 종류지 투자전략들 중에서 가치투자전략이 가장 우수한 것을 시사한다. 그 중에서도 S(9)의 RVAR가 0.08로 가장 높아 최우수투자전략이며, 그 다음으로 C(12)가 0.069로 우수전략으로 나타났다.

[그림 4-17]의 막대도표에 의하면 세 가지 투자전략의 성과가 가치비율에 따라 전반적으로 안정적인 것을 알 수 있는데 소기업투자전략의 경우는 다소 불안정성을 보여주고 있다.

[그림 4-17] 기업규모→24개월 과거성과→가치비율

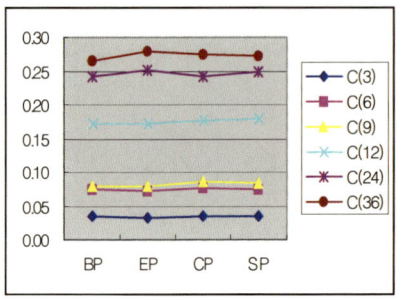
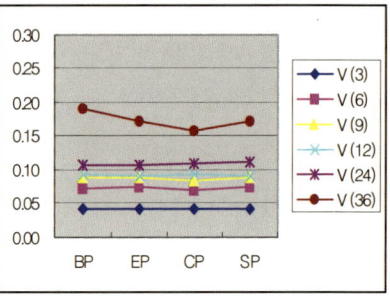
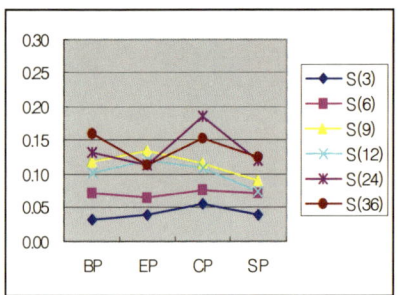
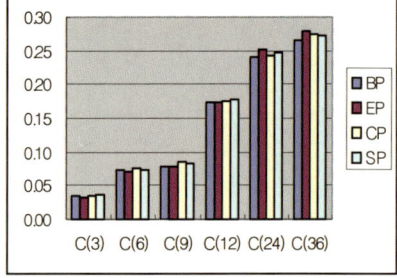
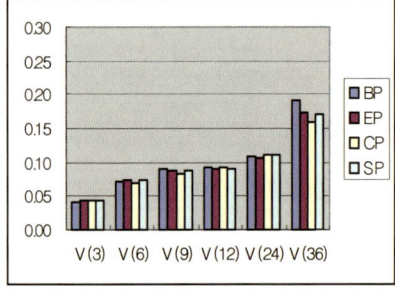
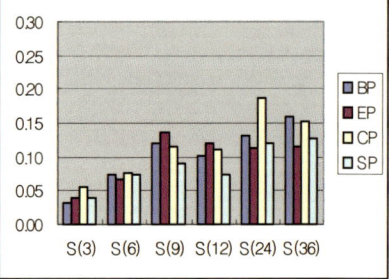

⑥ 기업규모→**36개월 과거성과**→가치비율 순서로 구성

<표 4-21>에 의하면 이와 같은 방법으로 포트폴리오를 구성한다면 모든 투자전략의 성과가 통계적으로 유의적인 양(＋)의 수익률을 기록하는 것으로 나타났다. 또한 월 단위 RVAR을 보면 역투자전략과 가치투자전략에서 양(＋)의 RVAR가 나타나고 있지만 전반적으로 역투자전략의 RVAR가 가장 높은 수치를 유지하고 있다. 그 중에서도 S(9)의 수치가 0.072로 가장 높아 최우수투자전략이며, 그 다음으로 C(12)가 0.053으로 우수전략으로 나타났다.

<표 4-21> 기업규모→36개월 과거성과→가치비율

3단계	3개월 보유			6개월 보유			9개월 보유		
	C(3)	V(3)	S(3)	C(6)	V(6)	S(6)	C(9)	V(9)	S(9)
B/P	0.033 (1.234) **0.015**	0.040 (1.300) **0.044**	0.033** (1.940) **0.024**	0.071*** (1.644) 0.025	0.062*** (1.517) **0.005**	0.073** (2.355) **0.041**	0.070*** (1.478) -0.033	0.064*** (1.371) -0.044	0.124* (3.361) **0.072**
E/P	0.037 (1.112) **0.035**	0.038*** (1.723) **0.035**	0.030*** (1.571) **0.000**	0.077** (1.848) **0.038**	0.053*** (1.716) -0.017	0.052*** (1.456) -0.025	0.084*** (1.628) -0.010	0.111* (2.555) **0.035**	0.025 (0.584) -0.113
C/P	0.035 (1.041) -0.135	0.042*** (1.608) **0.053**	0.028*** (1.540) -0.010	0.073** (1.746) **0.029**	0.051 (1.310) -0.021	0.053*** (1.462) -0.018	0.081*** (1.580) -0.015	0.110** (2.097) **0.034**	0.039 (0.968) -0.081
S/P	0.039 (1.150) **0.046**	0.036*** (1.368) **0.026**	0.015 (0.749) -0.089	0.078** (1.836) **0.041**	0.059*** (1.679) -0.002	0.038 (1.075) -0.068	0.086*** (1.689) -0.007	0.081** (2.017) -0.015	0.017 (0.411) -0.144

3단계	12개월 보유			24개월 보유			36개월 보유		
	C(12)	V(12)	S(12)	C(24)	V(24)	S(24)	C(36)	V(36)	S(36)
B/P	0.164* (2.901) **0.053**	0.078 (1.322) -0.049	0.106* (2.660) -0.024	0.230* (3.505) -0.007	0.121*** (1.645) -0.078	0.118* (2.660) -0.132	0.245* (4.917) -0.091	0.169** (1.952) -0.087	0.152* (3.593) -0.194
E/P	0.118** (1.893) -0.002	0.104** (1.947) -0.019	0.092*** (1.685) -0.035	0.158** (2.148) -0.060	0.097*** (1.669) -0.094	0.173* (2.530) -0.059	0.221* (2.640) -0.110	0.110** (1.960) -0.113	0.187* (3.297) -0.128
C/P	0.117** (1.885) -0.004	0.109** (2.456) -0.013	0.120** (2.294) **0.000**	0.162** (2.226) -0.055	0.183* (3.216) -0.038	0.198* (3.118) -0.036	0.221* (2.653) -0.109	0.191* (4.005) -0.077	0.209* (3.773) -0.120
S/P	0.121** (1.962) **0.001**	0.083** (1.942) -0.044	0.107** (2.035) -0.022	0.162** (2.244) -0.056	0.137** (2.110) -0.069	0.173* (2.629) -0.056	0.220* (2.665) -0.113	0.144* (2.567) -0.099	0.183* (3.288) -0.145

또한 [그림 4-18]의 막대도표에 의하면 투자성과의 크기가 역투자전략, 가치투자전략, 소기업투자전략 순으로 나타나고 있다. 그리고 선도표를 보면 역투자전략은 성과달성의 안정성이 매우 높은 반면에 가치투자전략과 소기업투자전략은 불안정한 모습을 보여주고 있다.

[그림 4-18] 기업규모→36개월 과거성과→가치비율

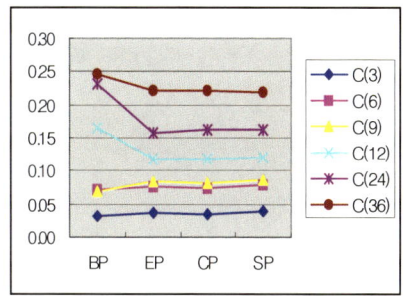
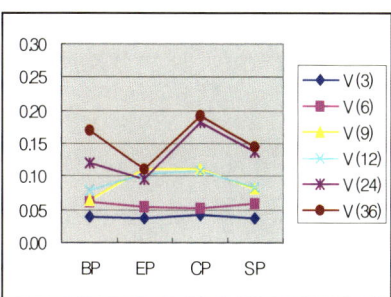
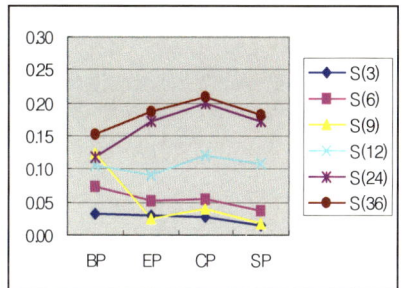
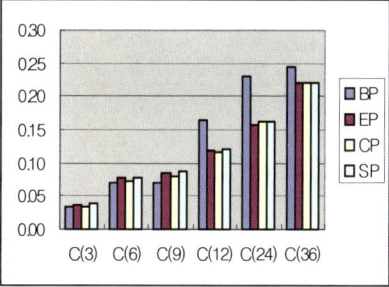
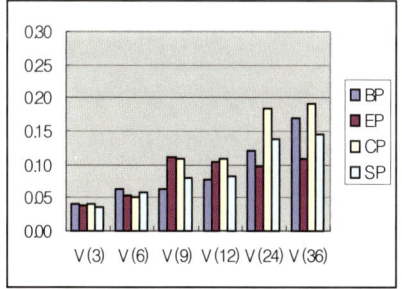
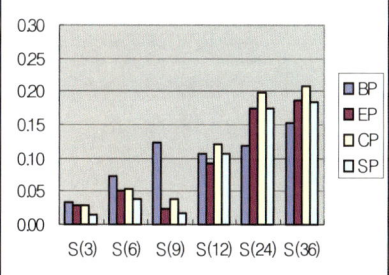

4) 요약정리

지금까지 3단계 포트폴리오 구성방법에 의한 세 가지 투자전략의 투자성과를 분석하였다. 다음은 포트폴리오 구성순서별로 주요 연구결과를 요약한 것이다.

① 과거성과→가치비율→기업규모

1단계 변수	성과의 크기	성과의 안정도	월 RVAR의 크기	최우수투자전략
3개월 과거성과	V > S > C (BP)(EP)(BP)	C(안): V, S(불안)	V, S > C	S(12) > V(9) 0.117 0.112
6개월 과거성과	V > S > C (BP)(CP)(EP)	C, S(안): V(불안)	9) V > S > C 12) S > V> C	V(9) > S(3) 0.083 0.078
9개월 과거성과	V > S > C (BP)(CP)(BP)	C, S(안): V(불안)	12) V > S > C 24) S > V > C	V(9) > S(3) 0.090 0.075
12개월 과거성과	V > S > C (BP)(EP)(EP)	C, S, V(불안)	C > V > S	V(9) > V(3) 0.058 0.043
24개월 과거성과	C > V > S (EP)(BP)(EP)	C, S(안): V(불안)	C > V > S	V(9) > C(6) 0.063 0.032
36개월 과거성과	C > V > S (EP)(BP)(CP)	C(안): S, V(불안)	V > C > S	V(9) > V(3) 0.062 0.056

주) 성과의 크기: C, V, S는 각각 역투자전략, 가치투자전략, 소기업투자전략을 의미함.
　　성과의 크기에서 (·): 2단계 포트폴리오 구성 시 해당 가치비율을 적용했을 경우 해당 투자전략의 투자성과가 가장 크게 나타남을 의미함.
　　성과의 안정도: 안(안정적), 불안(불안정적)을 의미함.
　　월 RVAR의 크기: 3개월부터 36개월 보유기간에 걸쳐서 전반적인 추세를 비교한 결과임.
　　최우수투자전략: 2개를 제시하고 있는데 부등호를 이용하여 약간의 차이가 존재한다는 것을 표시하였음.
　　최우수투자전략의 아래에 있는 수치: 해당 투자전략의 월 단위 샤프지수(RVAR)의 수치임.

이와 같은 방법으로 포트폴리오를 구성할 경우에는 역투자전략(C), 가치투자전략(V), 소기업투자전략(S) 등 세 종류의 투자전략들의 성과의 크기와 성과의 안정도는 『負의 관계』로 나타났고, 성과의 안정도와 월 단위 RVAR의 크기는 부분적으로 『正 또는 負의 관계』가 섞여서 나타났다.

여러 투자전략들 가운데서 보유기간 동안의 성과의 크기, 성과 달성의 안정도 그리고 샤프지수(RVAR) 등 세 가지를 종합적으로 고려할 때 이와 같은 순서대로 포트폴리오를 구성할 경우 「가치투자전략(V)」이 전반적으로 가장 우수한 투자전략이라고 판단되었다.

특히, 가치투자전략 중에서도 1단계 과거성과 자료로 3개월간 과거성과를 이용하고, 2단계 가치비율로 B/P를 사용하여 가치투자전략을 수립한 후 향후 9개월간 보유할 때의 전략인 V(9)가 최우수 가치투자전략(best value strategy)으로 선정되었다.

이와 같은 포트폴리오 구성순서에 따라 세 가지 기업구분 변수 과거성과, 가치비율, 기업규모를 동시에 통제하여 세 가지 유형의 투자전략을 분석한 결과 가치투자전략이 가장 우수한 전략이며, 네 가지 가치비율 모두가 가치투자전략의 수익률에 긍정적으로 유의적인 영향을 미치는 것으로 나타났지만, 그 중에서도 B/P에 대한 '가치프리미엄효과(value premium effect)'가 가장 큰 것으로 나타났다.

B/P(또는 B/M) 변수의 경우 주식수익률 모형구축에 관한 기존 연구에서 대부분 유의적인 정(+)으로 변수로 나타나고 있는데, 본 연구에서도 B/P 비율이 높은 가치주식일수록 성장주식에 비해 투자 수익률이 높은 것으로 분석되었다.

② 가치비율→과거성과→기업규모

1단계 변수	성과의 크기	성과의 안정도	월 RVAR의 크기	최우수투자전략
B/P	C > S > V (24) (3) (3)	C, S(안) : V(불안)	C > S > V	C(9) > C(6) 0.131 0.077
E/P	S > V > C (3) (24) (3)	C, S(안) : V(불안)	C > S > V	S(3) > V(3) 0.058 0.051
C/P	C > S > V (24) (6) (24)	C, S(안) : V(불안)	C > S > V	S(3) > C(3) 0.125 0.083
S/P	C > S > V (6) (6) (24)	C, S(안) : V(불안)	C > S > V	C(6) > C(9) 0.053 0.045

주) (·): 해당 기간의 과거성과 자료를 사용했을 때 해당 투자전략의 성과가
가장 컸음을 의미

이와 같은 방법으로 포트폴리오를 구성할 경우에는 투자전략
의 성과의 크기, 성과의 안정도 그리고 월 RVAR의 크기 등 세
가지가 동시에 『正의 관계』를 보여주었다.

따라서 이러한 순서대로 포트폴리오를 구성한다면 「역투자전
략(C)」이 가장 우수한 투자전략이라고 판단되었다. 역투자전략
들 중에서도 1단계 가치비율로 B/P를 사용하고, 2단계 과거성과
정보로 과거 24개월간 투자 수익률을 적용하여 역투자전략을 수
립하고 포트폴리오 구성 후 미래 9개월간 보유할 경우의 역투자
전략인 C(9)가 최우수 역투자전략(best contrarian strategy)으로
선정되었으며, C(3)과 C(6)도 비교적 우수한 전략으로 나타났다.

이와 같은 포트폴리오 구성순서에 따라 세 가지 기업구분 변
수 과거성과, 가치비율, 기업규모를 동시에 통제하여 세 가지 유
형의 투자전략을 분석한 결과 역투자전략이 가장 우수한 전략이
며, 네 가지 가치비율 중에서도 B/P를 적용하여 통제한 다음 역

투자전략을 수립하는 것이 가장 우수한 것으로 나타났다.

또한 3개월부터 36개월까지 모두 여섯 가지 종류의 과거성과정보 중에서 역투자전략의 경우는 3개월, 6개월, 24개월간의 과거성과 정보를 이용하는 것이 성과를 높이는 방법으로 나타났으며, 그 중에서도 과거 24개월간 주식 투자 수익률 정보를 이용할 때 '*과거성과프리미엄효과(past performance premium effect)*'가 가장 크게 나타났다.

③ 기업규모→과거성과→가치비율

2단계 변수	성과의 크기	성과의 안정도	월 RVAR의 크기	최우수투자전략
3개월 과거성과	C > S > V (EP)(EP)(EP)	C, V(안) : S(불안)	C > S > V	S(9) > C(12) 0.078 0.053
6개월 과거성과	C > S > V (SP)(CP)(CP)	C, V(안) : S(불안)	C > S > V	S(3) > C(12) 0.064 0.055
9개월 과거성과	C > S > V (BP)(CP)(CP)	C, V(안) : S(불안)	C > S > V	S(9) > C(12) 0.070 0.053
12개월 과거성과	C > S > V (SP)(BP)(CP)	C, V(안) : S(불안)	C > S > V	C(12) > S(9) 0.068 0.051
24개월 과거성과	**C > V > S (SP)(BP)(CP)**	**C, V(안) : S(불안)**	**C > S > V**	**S(3) > C(12) 0.134 0.069**
36개월 과거성과	C > V > S (BP)(CP)(BP)	C(안) : V, S(불안)	C > V > S	S(9) > C(12) 0.072 0.053

주) 성과의 크기에서 (·): 2단계 포트폴리오 구성 시 해당 가치비율을 적용했을 경우 해당 투자전략의 투자성과가 가장 크게 나타남을 의미함.

이와 같은 방법으로 포트폴리오를 구성할 경우에는 투자전략의 성과의 크기, 성과의 안정도 그리고 월 RVAR의 크기 등 세 가지가 모두 『正의 관계』를 보여주었다.

따라서 이러한 세 가지 면을 종합적으로 고려할 때 이와 같은 순서대로 포트폴리오를 구성한다면 「소기업투자전략(S)」이 가장 우수한 투자전략이라고 판단되었다.

특히, 소기업투자전략들 중에서도 2단계 기업구분변수로 과거 24개월간 성과를 이용하고, 3단계 가치비율로 C/P비율을 적용하여 소기업투자전략을 수립하고 포트폴리오 구성 후 향후 3개월간 보유할 경우의 소기업투자전략인 S(3)가 최우수 소기업투자전략(best small firm strategy)으로 선정되었다.

결국, 이와 같은 순서대로 세 가지 기업구분 변수를 통제하여 포트폴리오를 구성한 기업규모의 차이로 나타난 소기업투자전략의 성과가 가장 우수하게 나타나는 것으로 보아 한국주식시장에서 '*기업규모프리미엄효과(size premium effect)*'가 분명히 존재함을 알 수 있었다.

제3절 실제 투자전략수립 및 실행을 위한 시사점

지금까지 이루어진 확인적 분석과 심화분석을 토대로 한국주식시장에서 가장 유효한 투자전략은 가치투자전략임을 알 수 있었다. 그러나 실무에서 실제 가치투자전략을 설정하고 성공적으로 실행하기 위해서는 무엇보다도 가치주포트폴리오에 포함된 기업들의 '재무적 건전도(financial soundness)'를 주의 깊게 살펴보아야 할 것이다. 기존 연구를 통해서도 알 수 있듯이 포트폴리오 구성 후 2-3년 내에 도산하거나 상장 폐지되는 기업들이 존재하였기 때문이다.

　따라서 실질적으로 유효한 가치투자전략을 원활하게 수행하여 가치투자이익을 극대화하기 위해서는 가치주기업들의 재무적 건전도(혹은 도산가능성), 가치비율 B/P, 표본기업들의 변수통제순서, 가치투자전략의 보유기간, 보유기간 동안 부담하여야 하는 총위험 대비 초과수익률의 정도, 주식시장의 상태(활황기 혹은 침체기) 등을 종합적으로 고려하여 최적의 가치투자전략을 수립해야 할 것이다.

제5장 결론

역투자전략, 가치투자전략, 소기업투자전략에 대한 기존 연구에서는 대체적으로 이 세 전략들의 유효성이 제시되고는 있으나 연구 설계상 표본기업들을 적절하게 통제하지 않은 이유로 각 투자전략들의 성과의 원천(source)이 무엇인지를 규명하는데는 실패하고 있다. 반면에 본 연구는 과거성과, 가치비율, 기업규모 등 세 가지 주요변수를 동시에 통제하여 기존 연구들의 연구상의 한계점을 보완하였으며 각 투자전략들의 성과의 그 원천을 명확히 제시하고 있다.

본 연구의 주요결과를 정리하면 다음과 같다.

첫째, 본 연구에서는 기존 문헌에서 사용한 연구 설계방법과 동일한 구조로 투자전략을 분석한 확인적 분석결과를 통하여 한국주식시장에서는 계속투자전략보다는 역투자전략이, 성장주투자전략보다는 가치투자전략이, 대기업투자전략보다는 소기업투자전략이 각각 유효하다는 점을 발견하였다. 이는 기존 문헌에서 제시되고 있는 실증결과와 대체로 일치되는 결과이다.

둘째, 투자전략의 투자성과와 관련된 기존 연구들은 표본기업들의 과거성과나 가치비율 그리고 기업규모를 적절히 통제하지 않은 상태에 투자성과를 측정하였다. 이러한 기존 연구들의 공통적인 한계점을 보완하여 이루어진 본 연구에서는 과거성과, 가치비율, 기업규모 등 세 개의 주요변수를 동시에 통제하기 위해 3단계 포트폴리오 구성방법을 적용하였고 이에 기초하여 투자전략의 투자성과와 원천을 분석하였다. 분석 결과, 모든 투자전략들이 유효하게 나타냄으로써 한국주식시장에는 과거성과프리미엄, 가치프리미엄, 규모프리미엄이 모두 공존하고 있음을 알 수 있었다. 즉, 이러한 프리미엄들은 각 투자전략의 성과에 유의적으로 영향을 미치는 주요 변수가 되고 있다는 의미로 해석할 수 있다.

이러한 분석결과가 시사하고 있는 점은 그동안 과거성과, 가치비율, 기업규모 등 주요변수들이 적절히 통제되지 않은 상태에서 유효한 것으로 제기되어 온 역투자전략, 가치투자전략, 소기업투자전략이 그러한 주요변수들을 동시에 모두 통제하더라도 그 유효성이 그대로 유지되고 있다는 것을 보여준다.

다만, 주요변수들의 변수통제순서(포트폴리오 구성방법)에 따라서 과거성과프리미엄, 가치프리미엄, 규모 프리미엄 등 각 프리미엄들의 영향력에 있어서만큼은 분명한 차이가 있었다.

이를테면, 과거성과변수에 의한 1차 통제→가치비율 변수에 의한 2차 통제→기업규모변수에 의한 3차 통제순서로 포트폴리오를 구성했을 경우에는 성과의 크기, 성과달성의 안정도, 위험을 고려한 샤프지수 등 모든 측면에서 가치투자전략(value strategy)이 가장 우수한 전략으로 나타나 가치프리미엄의 효과(*value premium effect*)가 가장 큰 것으로 나타났다59).

---

59) 임의의 포트폴리오 구성방법을 따를 때 가치프리미엄효과가 가장 컸다는 의미는 역투자전략이나 소기업투자전략의 투자성과보다 가치투자전략의 성과가 가장 크게 나타났다는 의미와도 같다. 이는 가치투자전략의 성과가 과거성과와 기업규모변수가 통제된 상태에서 가치비율의 차이로 구성된 차익포트폴리오수익률을 의미하기 때문이다. 따라서 가치투자전략의 성과란 가치비율의 차이에 의해서만 유발된 성과크기를 의미한다. 마찬가지로 과거성과프리미엄효과와 기업규모프리미엄효과도

그리고 가치비율 변수에 의한 1차 통제→과거성과 변수에 의한 2차 통제→기업규모변수에 의한 3차 통제순서로 포트폴리오를 구성했을 경우에는 성과의 크기, 성과달성의 안정도, 위험을 고려한 샤프지수 등 모든 측면에서 역투자전략(contrarian strategy)이 가장 우수한 전략으로 나타나 과거성과프리미엄의 효과(*past performance premium effect*)가 가장 큰 것으로 나타났다.

마지막으로 기업규모 변수에 의한 1차 통제→과거성과 변수에 의한 2차 통제→가치비율 변수에 의한 3차 통제순서로 포트폴리오를 구성했을 경우에는 성과의 크기, 성과달성의 안정도, 위험을 고려한 샤프지수 등 모든 측면에서 소기업투자전략이 가장 우수한 전략으로 나타나 기업규모프리미엄의 효과(*size premium effect*)가 가장 큰 것으로 나타났다.

그러나 이와 같이 포트폴리오를 구성하는 과정에서 주요변수들의 통제순서가 달라질 때마다 가치투자전략, 역투자전략, 소기업투자전략 등이 제각각 가장 유효한 것으로 나타남으로써 한국주식시장에서 효율적인 투자전략(*efficient investment strategy*)이 무엇인지를 결정하기 어렵다. 그러나 포트폴리오 구성방법에 따라 유효한 투자전략으로 판별된 전략들의 성과들을 샤프지수(RVAR)기준으로 통일하여 비교한다면 가장 효율적인 투자전략을 선정할 수 있다.

샤프지수의 비교결과, 한국주식시장에서는 "과거성과→가치비율→기업규모"의 순서대로 변수들을 통제하여 수립된 가치투자전략이 대체적으로 가장 유효한(지배적인) 투자전략인 것으로 나타났다.

동일한 방식으로 이해할 수 있다.

따라서 한국 주식시장에서 과거성과, 가치비율, 기업규모 변수가 주식투자수익률에 영향을 미치는 주요변수라고 할 때, 이들 변수들을 동시에 모두 통제한 후 이들 변수 간의 차이를 이용하여 수립되는 투자전략들 중에서 "가치비율의 차이(*difference of value variable*)"가 주식투자수익률에 가장 큰 영향을 미치는 요인임을 의미한다.

특히, 심화분석결과를 통해서 나타난 가치투자전략의 성과는 과거성과(본 연구에서는 6가지 종류), 가치비율(본 연구에서는 4가지 종류), 기업규모(본 연구에서는 1가지 종류) 등 주요변수들의 「변수통제순서」에 의해서 가장 크게 영향을 받을 뿐, 「어떤 변수들로 통제하였는가」에 대해서는 별로 영향을 받지 않음을 알 수 있었다.

이를테면, 세 가지 유형의 포트폴리오 구성방법에 있어서 가치투자전략은 과거성과→가치비율→기업규모의 순서로 변수들을 통제했을 때 가장 성과가 우수한 것으로 나타난 반면에, 가치비율→과거성과→기업규모 순서나 기업규모→과거성과→가치비율 순서로 변수들을 통제했을 때는 각각 역투자전략과 소기업투자전략의 성과가 가장 우수한 것으로 나타났다.

또한 가치투자전략의 성과는 1단계 통제변수로서 3개월부터 36개월까지 과거성과 중에서 어떤 과거성과 정보를 사용하든 그리고 2단계 통제변수로서 B/P, E/P, C/P, S/P 중에서 어떤 가치비율을 사용하든 관계없이 역투자전략이나 소기업투자전략의 성과보다 더 우수하게 나타났다.

그런데, 이러한 결과는 사후적이기는 하지만 이미 확인적 분석결과에서도 어느 정도 예상이 되고 있었다.

이를테면, 확인적 분석 결과에서 '과거성과' 1개의 변수에 기초한 역투자전략이나 '기업규모' 1개 변수에 기초한 소기업투자전략의 성과보다 '가치비율' 1개의 변수에 기초한 가치투자전략의 성과가 3개월부터 36월까지 보유기간 전반적으로 가장 높게 나타나고 있었을 뿐만 아니라 그 통계적인 유의성도 나머지 두 투자전략들보다 더 높게 나타났었다. 아울러 샤프지수를 비교해보아도 가치투자전략이 역투자전략이나 소기업투자전략의 샤프지수보다 더 높게 나타났었다.

그런데 이러한 확인적 분석 결과와 같이 심화 분석 결과에서도 샤프지수 기준으로 볼 때 가치투자전략이 가장 우수한 투자전략인 것으로 나타났다. 그리고 이러한 가치투자전략의 성과는 과거성과와 가치비율로 무엇을 사용했느냐에 상관없이 나머지 두 투자전략의 성과보다 우월하게 나타났는데, 특히 그 중에서도 가치투자전략의 성과가 가장 높게 나타난 경우를 선별한다면 1단계 통제변수로 과거 3개월간 성과를 그리고 2단계 통제변수로 B/P를 사용하여 통제한 경우인 것으로 나타났다. 이는 한국 주식시장의 경우 가치투자전략이 가장 유효한 투자전략인 동시에 여러 가치비율 중에서도 B/P의 가치프리미엄 효과가 가장 크다는 것을 시사한다.

결론적으로, 기존 문헌에서 주로 사용하고 있는 1변수 통제에 의한 가치투자전략과 본 연구에서 시도한 3변수 통제에 의한 가치투자전략이 나머지 다른 투자전략들보다 더 유효한 전략으로 나타난 것은 공통적인 결과이지만, 기존 문헌에서 측정한 가치투자전략의 성과는 그것이 가치비율의 차이에서 비롯된 것인지, 과거성과차이 때문인지, 아니면 기업규모의 차이 때문인지를 명확히 제시하지 못하고 있는 반면에, 본 연구에서 측정한 가치투자전략의 성과는 과거성과나 기업규모 변수가 완전히 통제된 상태에서 오직 가치비율의 차이에 의해서만 발생한 성과임을 제시하였다는 점에서 큰 차이가 있다.

또한 투자전략의 성과에 대한 통계적 유의성 측면에서 기존 연구에서 사용하고 있는 1변수에 기초한 역투자전략이나 가치투자전략 그리고 소기업투자전략은 보유기간별 투자성과가 통계적으로 비유의적인 경우가 상당히 많이 나타나고 있어서 신뢰수준이 낮은 방법이지만, 본 연구에서 취하고 있는 3단계 변수통제에 의한 역투자전략, 가치투자전략, 소기업투자전략의 보유기간별 투자성과는 대부분 높은 통계적 유의성을 보여주고 있다.

따라서 기존 문헌에서 나타난 가치투자전략이나 본 연구의 3단계 변수통제에 의해서 나타난 가치투자전략 모두 가치비율의 차이를 이용한 투자전략이라는 점에서는 마찬가지이지만 전자는 그 성과유발요인이 진정으로 가치비율의 차이로 인한 것인지 아니면 다른 요인에 의한 것인지를 알 수가 없으나, 후자는 명확하게 가치비율의 차이로만 유발된 성과임을 나타낸다는 것이 다르다. 아울러 통계적 유의성이 더 높기 때문에 그만큼 투자전략에 대한 신뢰수준이 더 높다고 할 수 있다.

본 연구의 한계점으로는 과거성과, 가치비율, 기업규모 세 개 변수를 이용하여 최종적으로 한국주식시장에서 가장 지배적인 투자전략이 가치투자전략임을 규명하였으나, 가치주프리미엄으로 나타난 B/P가 시장지수의 베타가 설명하지 못하는 또 다른 위험요인으로서 역할을 하는 것인지 아니면 시장의 비효율성 때문인지는 규명하지 못하였다.

 또한 기존 연구들에서 나타난 여러 가지 연구 설계방법들 중에서 편의(bias)가 투자성과에 미치는 영향을 최소화시킬 수 있는 방법을 본 연구에서 적용하였지만 현존하는 데이터베이스의 한계상 분석표본에 있어서 신규상장편의에 노출되어 있는데 이 점을 추가적으로 고려한 연구가 있어야 할 것이다.

참고문헌

(1) 국내문헌

감형규, "한국주식시장에서의 역행투자성과에 관한 실증적 연구", *재무관리연구 제16권 제2호*, 1999, pp.157-178.

김성표, 윤영섭, "기본적 변수, 거시경제요인, 기업특성적 위험과 주식수익률", *재무관리연구 16권 제2호*, 1999, pp.179-213.

김원기, 권영진, "기업규모효과와 PER효과에 대한 연구", *재무관리논총 제2권 제2호*, 1995, pp.345-365.

김찬웅, 김경원, "사건연구에서의 주식성과 측정", *증권학회지 제20집*, 1997, pp.301-327.

김태혁, 엄철준, "한국주식시장의 주가과민반응현상에 관한 실증적 연구", *서울대학교 증권·금융연구 창간호*, 1995, pp.23-48.

김태혁, 엄철준, "시장조정 초과수익률 측정방법의 선택이 주가과민반응 실증결과에 미치는 영향", *재무연구 제14호*, 1997, pp.65-100.

김태혁, 엄철준, "한국주식시장에 있어서 반전거래전략과 계속거래전략의 경제적 유용성에 관한 비교연구", *재무관리연구 제14권 제3호*, 1997, pp.73-111.

김희집 외 6인, "우리나라 증권시장에서의 주가의 과민반응에 관한 연구", *증권학회지 제10집*, 1988, pp.1-25.

고봉찬, "위험프레미엄과 상대적 세력 투자전략의 수익성", *재무관리연구 제14권 1호*, 1997, pp.1~21.

송영출, "규모와 가치비율의 수익률 차이 설명력에 대한 연구", *증권학회지 제24집*, 1999, pp.83-99.

송영출, 이진근, "자기자본비용의 추정에 관한 연구", *재무관리연구 제14권 제3호*, 1997, pp.157-181.

신성환, "우리나라 장기 주식수익률 역전현상이 갖는 경제적 의미?: 과연 패자포트폴리오에 투자하겠는가?", *재무연구 제14호*, 1997, pp.105-123

신재정, 나희중, "상대적 강점전략을 이용한 투자성과에 관한 실증연구", *재무관리논총 제3권 2호*, 1996, pp.125-150.

우춘식, 곽재석, "반전거래전략의 투자성과와 체계적 위험의 변화에 관한 실증연구", *재무관리연구 제17권 1호*, 2000, pp.67-89.

이진근, "체계적 위험과 비정상성에 관한 연구", *재무관리논총 제4권 제1호*, 1998, pp.233-258.

장경천, 정헌용, "역투자전략과 상대적 세력 투자전략을 이용한 거래량의 정보효과분석", *증권학회지 제22집*, 1998, pp.73-110.

지청, "우리나라 증권시장에서의 기업규모효과에 관한 실증적 연구", *증권학회지 제9집*, 1987, pp.1-37.

장영광, 김종택, "한국주식시장에서 가치투자전략의 투자성과와 그 원천", *증권학회지 제32집*, 2003, pp.165-208.

최운열과 김우종, 주가수익비율과 기업규모가 주가에 미치는 영향, *증권학회지 제8집*, 1986, pp.1-24.

황선웅, 한국주식시장에서의 주가지수선택에 따른 기업규모효과
의 실증결과 비교분석, *재무관리연구 제10권 제2호*,
1993, pp.303-317.

 (2) 국외문헌

Banz Rolf W., "The Relationship Between Return and Market
Value of Common Stocks", *Journal of Financial Econo
mics 9*, 1981, pp.3-18.

Navin Chopra, Josef Lakonishok and Jay R. Ritter, "Measuring
abnormal performance: Do stocks overreact?", *Journal
of Financial Economics 31*, 1992, pp.235-268.

Werner F.M. DeBondt, Richard Thaler, "Dose the Stock Market
Overreaction?", *Journal of Finance 40*, 1985, pp.793-808.

Patricia M. Dechow, Richard G. Sloan, "Returns to Contrarian
investment strategies: Tests of naive expectations
hypotheses", *Journal of Financial Economics 43*, 1997,
pp.3-27.

Eugene F. Fama, Kenneth R. French, "The cross-section of
expected stock returns", *Journal of Finance 47*, 1992,
pp.427-465.

Eugene F. Fama, Kenneth R. French, "Common risk factors in
the returns on stocks and bonds", *Journal of Financial
Economics 33*, 1993, pp.3-56.

Eugene F. Fama, Kenneth R. French, "Size and Book-to-Market factors in Earnings and Returns", *Journal of Finance 50(No.1-2)*, 1995, pp.131-155.

Eugene F. Fama, Kenneth R. French, "Multifactor Explanations of Asset Pricing Anomalies", *Journal of Finance 51(o.1-2)*, 1996, pp.55-84.

Eugene F. Fama and Kenneth R. French, "Value versus Growth: The International Evidence", *Journal of finance 53 (No.6)*, 1998, pp.1975-1999.

Narasimhan Jegadeesh, Sheridan Titman, "Returns to Buying Winners and Selling Losers: Implications for Stock Market Efficiency", *Journal of Finance 48(No.1)*, 1993, pp.65-91.

Tim Loughran and Jay R. Ritter, "Long-Term Market Overreaction: The Effect of Low-Priced Stocks", *Journal of Finance,* 1996, pp.1959-1970.

Josef Lakonishok, Andrei Shleifer, Robert W. Vishny, "Contrarian Investment, Extrapolation, and Risk", *Journal of Finance 49(No.5)*, 1994, pp.1541-1578.

Keim, D. B, "Size-Related Anomalies and Stock Return Seasonality: Further Empirical Evidence", *Journal of Financial Economics 12*, pp.13-32.

La porta, "Expectations and the Cross-Section of Stock Returns", *Journal of Finance 51(No.5)*, 1996, pp.1715-1742.

La Porta, Josef Lakonishok, Andrei Shleifer, Robert W. Vishny, "Good News for Value stocks: Further Evidence on Market Efficiency", *Journal of Finance 52*, 1997, pp.859-874.

Roll, R., "A possible explanation of the small firm effect", *Journal of Finance 36*, 1981, pp.879-888.

Reinganum M.R, "Misspecification of Capital Asset Pricing: Empirical Anomalies Based on Earnings'Yields and Market Values", *Journal of Financial Economics 9*, 1981, pp.19-64.

Sanjoy Basu, "The Realtionship Between Earnings' Yield, Market Value and Return for NYSE common Stocks", *Journal of Financial Economics 12*, 1983, pp.129-156

Xiaoyan Ni-Ming Hua Liu-Joseph Kang, "Contrarian and Momentum strategies and 'Stir-Frying' in the Chinese stock Market", Nanyang Business School, *Nanyang Technological University, Singapore, working paper,* 2001.

• 저자 •

김종택
(金鍾澤)

• 약력 •

성균관대학교 경상대학 경영학과 졸업
성균관대학교 대학원 경영학 석사
성균관대학교 대학원 경영학 박사

서울신용평가정보 ABS평가팀 선임연구원
한국도로공사 경영연구실 연구원
중부대학교 경영학과 겸임교수
성균관대학교 무역연구소 연구위원
성균관대학교 경영학부 시간강사
현 나이스채권평가(주) 금융공학연구소 소장

• 주요저서 •

「한국주식시장에서 가치투자전략의 투자성과와 그 원천」
「차익거래의 성과 및 그 원천에 관한 연구」
「가치요인과 규모요인을 고려한 조건부반전투자전략의 성과와
 유효성에 관한 연구」
『최신경영학원론』(공저)
『경영통계학』(공저)
외 다수

가치투자성과의 우수성 규명

• 초판 인쇄	2006년 4 월 15 일
• 초판 발행	2006년 4 월 15 일
• 지 은 이	김종택
• 펴 낸 이	채종준
• 펴 낸 곳	한국학술정보㈜
	경기도 파주시 교하읍 문발리 526-2
	파주출판문화정보산업단지
	전화 031) 908-3181(대표)·팩스 031) 908-3189
	홈페이지 http://www.kstudy.com
	e-mail(e-Book사업부) ebook@kstudy.com
• 등 록	제일산-115호(2000. 6. 19)
• 가 격	14,000원

ISBN   89-534-4848-4 93320 (Paper Book)
       89-534-4849-2 98320 (e-Book)